网 球

周洪生 编著

吉林文史出版社

目录

第一章

网球运动概述

网球运动的起源

❖ 硬式网球运动的起源与发展

网球运动的起源及演变可以用四句话来概括：网球孕育在法国，诞生在英国，高潮在美国，盛行在世界。

网球运动起源于法国。早在12—13世纪，法国的传教士常常在教堂的回廊里，用手掌击打一种类似小球的物体，来调剂刻板的教堂生活。渐渐地这种活动传入法国宫廷，并很快成为当时贵族的一种娱乐游戏。当时，他们把这种游戏叫“掌球戏”（法语，即用手掌击球的意思）。开始，他们是在室内进行这种游戏，后来移向室外，在一块开阔的空地上，将一条绳子架在中间，两边各站一人，双方用手来回击打一种里面包裹着头发的布球。

14世纪中叶，法国王储将这种游戏使用的球赠送给英皇亨利五世，于是这种游戏便传入英国。

这种球的表面使用埃及坦尼斯镇所产的最为著名的绒布——斜纹法兰绒制作，英国人将这种球称为“Tennis”（英文：网球），并流传下来，直到现在，我们使用的球还保留着一层柔软的绒面。

15 世纪，这种游戏由用手掌击球改为用拍板打球，并很快出现了一种用羊皮制作拍面的椭圆形球拍。同时，场地中央的绳子也改成了网子。16—17 世纪是这种活动的兴旺时期，逐渐形成了一种比赛。在这之前，由于这种活动只是在法国和英国的宫廷中流行，所以网球运动又称“宫廷网球”和“皇家网球”。

1873 年，英国的温菲尔德（Walter Clopton Wingfield）少校改进了早期网球的打法，并将场地移向草坪地，同年出版了《草地网球》一书，提出了一套接近于现代网球的打法。1874 年，又规定了球网的大小和高低，在英国创办了简易的草地网球比赛。1875 年，英国板球俱乐部修订了网球比赛规则后，于 1877 年 7 月举办了第 1 届温布尔登草地网球锦标赛。后来这个组织又把网球场地定为 23.77 米 ×8.23 米的长方形，球网中央的高度为 99 厘米，并确定了每局采用 15、30、40 平分的记分方法。1884 年，英国伦敦玛丽勒本板球俱乐部又把球网中央的高度定为 91.4 厘米。至此，现代网球正式形成，很快在欧美盛行起来，成为一项深受欢迎的球类运动。

随着网球运动的发展，器材和场地设置等方面也在不断地发展变化。网球拍由笨头笨脑的木质拍，发展到制作精细的圆头拍。此外，在重量、材料、质量、形状等方面都有很大的变化。球由原来的小布球，发展到胶皮球、橡皮球。

1896 年在雅典举行的第 1 届奥运会上，网球的男子单打与双打被列为正式比赛项目。此后，由于国际奥运会和国际网球联合会在

“业余运动员”的定义上有分歧，导致已经连续 7 届奥运会都进行的网球比赛被取消，直到 1984 年的洛杉矶奥运会上，网球才又被列为表演项目，1988 年的汉城奥运会上，网球重新被列为正式比赛项目。

❖ 软式网球的起源和在中国的发展

软式网球是从网球派生出来的一种运动。19 世纪 80 年代，西方的传教士、商人将网球带进了日本。由于当时日本还不具备制作网球和球拍的条件，依靠进口球拍价格又比较昂贵，所以用作为玩具的橡胶球进行活动，由此，在日本诞生了软式网球。

经过百余年的不断发展和完善，软式网球有了自己的器具和竞赛规则，并形成了一套与一般网球不同的技术和战术体系。

软式网球使用的球为橡胶球，需要充气，并对气压有一定要求，即从 1.5 米高处落下，球若能反弹 50 ～ 80 厘米即符合比赛要求。按照规定，球的直径为 66 毫米，重量在 28 ～ 31 克。

软网球拍比网球拍要小，重量也轻，但材料和网球拍差不多，使用的大多是钛合金。相比之下，软网的球拍要便宜得多。

记分规则也不太一样。单打比赛实行 7 局 4 胜制，每局 4 分。如果小分出现 3:3 平，则相当于网球中的“平分”，一方必须要胜出 2 分才算取胜；如果局分战成 3 平，则第 7 局要像网球比赛一样“抢 7”。双打比赛为 9 局 5 胜制，每局也是 4 分。局分战成 4 平之后也直接在第 9 局进行“抢 7”。与网球相比，软网比赛时间较短，要求队员能够很快进入状态，对队员心理承受能力要求较高。

1986 年中国引进软式网球。1987 年成立中国软式网球协会，决定每年举办一次全国锦标赛。日本为了推广软式网球，对中国给予

了很大扶持，帮助培训教练和运动员，提供器材等。1986 年 4 月软式网球运动进入中国时，日本东京女子体育大学与沈阳体育学院建立了校际关系，软式网球作为日本东京女子体育大学与沈阳体院之间的交流项目而引进中国。1986 年下半年，在国家体委有关部门的重视与扶植下，软式网球运动在全国部分体育院校中迅速得到开展。从此，软式网球不仅在我国扎了根，而且在各方面的浇灌下，不断地成长、开花、结果。

1987 年 4 月，中国成立了“中国软式网球协会”。在中国软式网球协会的倡导与推动下，软式网球运动得到了普及，运动技术水平也得到了很大的提高。1987 年 8 月 20—25 日在昆明海埂训练基地举办了首届全国软式网球邀请赛和中日大学生对抗赛。参加本届比赛的有北京体育学院、西安体育学院、武汉体育学院、成都体育学院、天津体育学院、北京体育师范学院、沈阳体育学院等单位的 121 名男、女运动员。赛会进行了男、女团体和男、女单项（双打）比赛，并选出优秀运动员联合组成中国大学生代表队与日本大学生队进行了对抗赛。通过这次比赛，交流了技艺，锻炼了队伍，培养了裁判，为中国软式网球运动的进一步发展奠定了基础。

中国软式网球协会决定，每年举行一次全国锦标赛。为了增加各队运动员间的球技交流机会，迅速提高运动技术水平，从 1995 年开始，又增设了全国青少年软式网球锦标赛和全国软式网球冠军赛两项赛会，这些举措为中国软式网球的进一步发展和软网运动水平的提高创造了良好的条件。

中国软式网球协会为加大促进软网发展的力度，还采取了请进来、走出去的方法，与各国运动员进行广泛交流；经常派出教练赴

日培训；经常聘请日本专家来国内讲学、任教。这些活动使得中国教练水平在不断提高，运动技术水平在不断地上升。在第 10 届世界软式网球锦标赛上，中国男单取得第 3 名，女单取得冠、亚军的可喜成绩，充分显示了中国软式网球运动的普及和技术水平的提高。

在 1990 年北京亚运会上，软式网球作为表演项目进入亚运会。1994 年在日本广岛举行的亚运会上，软式网球被列为正式比赛项目。目前世界上许多国家和地区开展这一运动，其中以韩国、日本和中国台北水平最高。

❖ 短式网球运动的起源与发展

短式网球是在世界网球运动进入高速发展时期后，针对儿童身心发育特点和负荷能力，依循网球原理而推出的一种儿童网球运动。它具有网球运动的全部内涵，适合 5 岁以上儿童的生理、心理特点，是对儿童进行网球启蒙训练的有效方法和手段，也是通过训练和正规网球接轨的必经途径。儿童一旦接受短式网球训练，就能在短时间内，规范地掌握网球技能，形成正确的网球意识，合理运用各种技术。

这项运动起源于 20 世纪 70 年代后期的瑞典，以后在欧美各国流行甚广，现在世界各国普遍用来对儿童进行网球的启蒙训练。它对人才的培养，增加网球人口，提高科学训练水平起到了积极的作用。短式网球的出现，克服并纠正了儿童成人化训练所产生的一切弊端，加上场地小，器材简单，投资少和便于掌握，深受教练、家长和儿童的欢迎。

短式网球的出现，引起了国际网球组织的高度重视。1990 年，首先是国际草地网球协会正式认可并接纳了这项运动为发展规划项目。1995 年，国际网球联合会正式决定并颁发了短式网球推广计划，公认它是儿童训练的最理想方法。

短式网球场地占地面积只有正规网球的 1/3 大小（含球场侧后应留的空地）。标准球场长 13.4 米、宽 6.1 米，端线至挡网不少于 4 米。

网球运动的发展趋势

❖ 世界网球运动的发展趋势

随着商业化进程，各大网球赛事如火如荼地开展，尤其以英国温布尔登锦标赛、法国网球公开赛、美国网球公开赛和澳大利亚网球公开赛四大赛事备受瞩目。四大网球公开赛是每年一届的最为重要的世界性单项比赛，世界各地的网球选手均视获得这四大比赛桂冠为最高荣誉，而各大赛事的奖金也越来越丰厚，吸引越来越多的网球好手参加，职业网坛蓬勃发展。

近几年纳入年度积分的各项大满贯赛、公开赛、大奖赛，以及从 2002 年开始的上海网球大师杯赛等，都是当今职业网坛最高水准的顶级赛事，会集了世界男子网坛最优秀的职业选手，每年也诞生了一些改写网坛纪录的新秀。这些选手在比赛中所表现出来的技战术能力，代表着当今网坛的最高水平，引领着当今职业网坛的主旋律，预示着未来世界网坛的发展方向。

1. 技术向精细、全面方向发展

在现代的网球运动中，由于赛事频繁，对抗日益激烈，在比赛中，运动员之间的攻防矛盾经常转换，主动与被动经常交替。为了适应这种制约与反制约的需要，运动员必须力求技术全面。在各项高水平的比赛上，要求网球选手们无论是在网前、底线，还是在正手、反手等传统的技术上，都很全面，没有什么明显漏洞。

技术向精细化发展，是网球技术发展的一大趋势。单就发球而言，每位选手并不是一味地追求速度，时速在190公里以上的发球颇为鲜见，而时速在150～170公里的发球直接得分随时可见。这并不是说现代网球运动员发球技术不及以前，而是当今运动员更注重发球技术的精细化，将发球的旋转变化和角度很好地结合在一起。另外，随着球体的增大，击球的回合不断增加。运动员不再主要依靠大力击球去获胜，而是更多地通过提早击球、运用精确的落点和极佳的球速占得先机。这些以上旋球技术为主的球员正凭借着出色的接发球、网前截击、落点准确的穿越球、打身后、放小球以及滑拍等精细、全面的技术，主宰着当今世界男子网坛。

2. 打法多样，但底线型打法成为未来网坛打法的主流

观看网球比赛的很大一部分乐趣来自观赏不同风格、不同打法类型选手之间的碰撞。网球打法的类型可分为上网型、全能型和底线型三种。除俄罗斯的萨芬和瑞士的费德勒是综合型选手外，像当今大部分世界顶级高手：纳达尔、休伊特、阿加西等球员为代表，均表现出良好的底线控制和进攻能力。这表明底线型打法占据了当今网坛的主导地位。如在近几年的上海大师杯赛上，很少有上网型打法选手进入决赛，而具有跑动积极、技术全面、落点精确的底线型打法选手却占得先机。其主要原因有以下几点：

（1）比赛场地是使底线型打法得到空前发展的主要因素

网球比赛场地大致可分为快速场地、中速场地和慢速场地，而

现代网球运动的一个重要特征是在多种不同性能的场地上进行比赛。综观当今国际网坛，草地球场因造价高、维护不易等原因而渐渐萎缩，而中速的人工合成材料场地和慢速的黏土场地比重在不断上升。运动员为了适应不同的场地，在全年频繁的赛事中去赢得更多比赛，获得较高的 ATP 排名，他们往往倾向于选择一种相对稳定可靠的打法去取得更多的好成绩。而底线型打法却能很好地做到这一点，底线型打法运动员不仅可使自己在擅长的中速和慢速场地上力保不败，而且还会在快速场地上获胜，使底线型打法得到了发展空间。

（2）技术的变革促进了底线型打法的发展

发球上网型打法就是以强有力的发球致使对手回球质量差，从而形成网前有利的攻势。而今，运动员的各方面技术都得到了长足的进步，尤以接发球技术最为突出。他们可以把时速 200 多公里的来球接到对方场地的任何一个角落，不仅给对手上网增加了难度，而且还经常直接得分。

（3）上网打法的不稳定性，是阻碍其发球的主要原因

一名优秀的发球上网型选手不仅要有出类拔萃的发球能力、敏捷的反应能力和敏锐的判断力，还要有出色的截击能力。这些对技战术、心智的要求都很高。随着当今网球技战术整体水平的不断提高，运动员被迫上网的能力不断增强，无形中给上网型选手造成巨大的心理压力，从而造成发挥不稳定。正因为上网型打法中有许多不确定的因素，上网型选手很难在频繁的比赛中获得好的成绩。

（4）球体的增大，有利于底线型打法的发展

球体增大了，相对地减慢了球速，增加了击球的回合，这对底

线型打法选手有利。他们利用精湛的底线技术和对手展开拉锯战，从容地化解对手的截击，并打出落点精确的穿越球，不断对网前施压，增加对手回接球的难度。另外，球速的减慢，降低了运动员发球的威力，降低发出 ACE 球的概率，增大了上网截击的难度。

3. 力量型选手与技术型选手共同发展

在现今的网球比赛中，技术仍然是决定比赛胜负的关键所在，拥有全面的技术会使选手在比赛中无往不利，而一般选手都或多或少有一些弱点。很多选手利用力量来弥补自己的不足，如罗迪克发球时速可达 230 公里，如此炮弹式的发球常常为他得分。许多力量大的选手球速越来越快，使得对手难以招架。

4. 女子网球趋于男子化

女子发球、抽球的力量越来越大，大威廉姆斯发球时速最高达 190 公里，绝不亚于男子。而莎拉波娃、毛瑞斯莫、克里斯特尔斯等都是大力抽球的好手。就连技术全面的世界顶尖级选手海宁也曾专门请教练训练提高自己的力量。

5. 快速灵活的步法和充沛的体能是获胜的重要保障

随着底线型打法逐渐占据网坛的主导地位，步法和体能在比赛中起着重要的作用，它是获取胜利的重要保障。快速灵活的步法一方面可使运动员及时、准确地找到最佳击球点，提高回球的质量；另一方面还能救起许多令对手认为是制胜球的来球，从而在技术上和心理上不断给对手增加压力。由于赛事日趋频繁，底线型打法逐渐占据主导地位，这对运动员的体能提出了更高的要求，即体能一定要跟上网坛发展的需要。体能好的运动员普遍获得较好的成绩。老将阿加西曾经年过 30 岁还占据过年终 ATP 排名第二的位置。阿

加西说，为了保持充沛的体能，他在体能教练的指导下，每天都会做艰苦的训练。由此可见，他之所以取得如此的成绩，不仅与他过人的技术和丰富的比赛经验有关，而且还与他非常重视体能密不可分。如纳达尔、休伊特等人的充沛体力和快速灵活的步法都让对手惊叹。

6. 稳定的心理素质和顽强的意志品质是取胜的关键

随着现代网球运动的高度发展，运动员职业化进程不断加快，各国教练员运用了大量科学的手段来最大限度地挖掘运动员各方面的潜能。世界高水平运动员在身体、技战术等方面都相差不多。运动员的水平越接近，在比赛中出现的关键比分机会越多，比赛的胜负往往在一两球之间，这时运动员的心理因素对技战术的影响更大。谁心理更稳定，谁捕捉机会的能力更强，谁就能赢得这场比赛。

❖ 中国网球的发展趋势

1885年前后，网球运动传入中国。先是上海、广州等大城市的外国传教士和商人之间出现网球活动，之后一些教会学校也开展起这项运动。1898年，上海圣约翰书院举行斯坦豪斯杯赛，这是中国网球史上最早的校内比赛。1906年，北京汇文学校、协和书院、清华学校之间，上海圣约翰大学、南洋公学、沪江大学以及南京、广州、香港的一些学校开始举行校际网球赛，促进了网球运动在中国的传播。

20世纪二三十年代网球运动只在少数人中间流行。1924—1946年中国虽6次派队参加戴维斯杯比赛，但因技术、战术水平较低，在第一、二轮都被淘汰。

新中国成立后，网球运动在起点低、基础差、交往少的情况下逐渐发展，1953年在天津首次举办了包括网球在内的4项球类运动会（篮、排、网、羽）。1956年举办了全国网球锦标赛，后来全国网球等级联赛定期举行，并实行升降级制度，还定期举办全国网球单项比赛、全国硬地网球冠军赛、全国青少年网球比赛，近年来又搞起了巡回赛，另外还有老年网球赛、高校网球赛、少年网球赛。这些竞赛对促进网球技术水平的提高起到了积极的推动作用。

20世纪80年代以来，我国网球运动水平提高幅度较快。1986年第10届汉城亚洲运动会网球比赛，我国李心意获女子单打冠军。1990年第11届北京亚洲运动会网球比赛，我国运动员获得3块金牌（男子团体冠军、潘兵获男子单打冠军、夏嘉平和孟强华获男子双打冠军）、3块银牌和1块铜牌。女子队参加1991年联合会杯网球团体赛，在58个参赛队中进入16强，李芳从国际网球排名200位跃升到155位。夏嘉平参加世界大学生运动会网球比赛获得男子单打冠军。这些成绩说明我国网球运动有了长足的进步，令人鼓舞。然而从世界角度看，我国网球水平存在的差距是相当大的，仅从国际网联世界排名看，1991年我国男子排名最前的是300位，女子排名最前的是155位。

1992年巴塞罗那第25届奥运会网球赛，中国有5名队员参赛。女单李芳、陈莉，女双李芳/唐敏，男双孟强华/夏嘉平，除女双进入第二轮外，其他均在第一轮被淘汰。在1994年年终国际网联世界排名中夏嘉平为313位，潘兵为215位，李芳（女）为66位，陈莉（女）为233位，唐敏（女）为237位。2004年，中国的双打选手李婷与搭档孙甜甜站在了迈阿密大师赛的女双半决赛赛场上。能够进

入迈阿密女双四强，这对中国姑娘已经创造了中国网球史上新的纪录：在总奖金高达650万美元的WTA一级赛事的半决赛上留下了中国人的足迹。

2004年雅典奥运会上，李婷／孙甜甜夺得女子双打冠军。2006年澳大利亚网球公开赛上，郑洁／晏紫夺得女子双打冠军。但令人有些遗憾的是中国网球竞技水平的发展，主要还集中在女网的提高上，男子网球业绩平淡，较少有可圈可点之处。2004年以来，中国陆续产生了一批有前途的优秀女选手。如李娜，世界排名第18位的她，是中国网球历史上排位最高的选手，在2006年的温网中，她成为首位跻身大满贯决赛的中国选手；郑洁和彭帅也都名列世界前50名。郑洁和晏紫在2006年的澳网和温网中获女双冠军。

中国网协根据职业网球发展规律，已经着手对二线队伍的青少年尖子选手进行职业模式的培养。整个职业模式训练要求显示，队员的发展规划、训练和参赛计划更强调个性化和科学、长期、系统性，每个队员都有各自具体的长远规划、年度计划和阶段计划。训练的核心主要着眼提高比赛的能力，加强选手的战术组合意识和心理素质的培养。根据我国选手的身体素质特点分析，全面综合型打法是今后培养青少年选手的主流方向，形成以快速、凶狠为基础的精准、灵活、积极的进攻风格。该职业模式培养方案规定，由主带教练带领队员按计划参加国内外比赛。围绕着各个比赛进行多周期训练，特别强调赛间训练的针对性。青少年选手（16岁左右）以参加国际青少年排名赛为主（每年至少10场比赛），适当参加国际卫星赛和国内青少年比赛（每年10场比赛），全年参赛数不少于20场。而少年选手（14岁左右），参加适量国际青少年比赛和全部国内比赛，

比赛次数和级别因人而异。

改革开放之后我国群众性的网球运动发展也比较快。据统计，2000年，内蒙古自治区网球场地已达上千片，北京600多片，成都500多片，深圳300多片，这两年又有大幅度增长。参加网球活动的人口据估计有50万。以基层和行业为单位的网球协会数目众多，各种类型的业余网球赛不胜枚举，1998年举办了第1届全国业余网球大赛。但由于历史根基浅薄，网球普及程度与网球发达国家相差甚远。在人口集中的大城市平均每万人拥有不到一片网球场，中小城市更少，广大农村基本没有网球场。培养网球人口就是培养网球市场和网球产业。阻碍我国网球人口增加的主要原因之一是网球运动门槛太高,亚网联主席川廷荣一也提出过这种看法。不仅网球场地少，公益性网球场更是难觅踪影。因此，大力普及网球运动，增加网球人口，对发展网球市场和产业至关重要。

今后，我们只有认真学习并掌握网球运动的特点和发展规律，并使之与人们对体育运动的需求相结合，才能推动中国网球运动的健康发展。

第二章

网球基本知识

网球场地

❖ 场地尺寸

单打球场应为长 78 英尺（23.77 米）、宽 27 英尺（8.23 米）的矩形；双打场地长度一样，宽度为 10.97 米。中间由一条挂在最大直径为 1/3 英寸（0.8 厘米）粗的绳索或钢丝绳上的球网分开。网的两端应附着或挂在两个网柱顶端，网柱应为边长不超过 6 英寸（15 厘米）的正方形方柱或直径为 6 英寸（15 厘米）的圆柱。网柱不能超过网绳顶端 1 英寸（2.5 厘米）。

在单双打两用场地上悬挂双打球网进行单打比赛时，球网应该由两根高度为 3 英尺 6 英寸（1.07 米）的"单打支杆"支撑，该支杆截面应是边长小于 3 英寸（7.5 厘米）的正方形方柱或直径小于 3 英寸（7.5 厘米）的圆柱。每侧单打支杆的中点应距单打边线 3 英尺（0.914 米）。

球网需要充分拉开，以便能够有效填补两根支柱之间的空间，并有效打开所有网孔，网孔大小以能防止球从球网中间穿过。球网中点的高度应该是 3 英尺（0.914 米），并且用不超过 2 英寸（5 厘米）宽的完全是白色的网带向下绷紧固定。球网上端的网绳或钢丝绳要用一条白色的网带包裹住，每一面的宽度在 2 英寸（5 厘米）到 2.5 英寸（6.35 厘米）。在球网、网带及单打支杆上都不能有广告。

球场两端的界线叫底线，两边的界线叫边线。在距离球网两侧 21 英尺（6.4 米）的地方各画一条与球网平行的线，为发球线。球网与每一边的发球线和边线组成的场地再被发球中线分为两个相等的区域，为发球区。发球中线是一条连接两条发球线中点并与边线平

行的线，线宽须为 2 英寸（5 厘米）。每一条底线都被一条长 4 英寸（10 厘米）、宽 2 英寸（5 厘米）的发球中线的假定延长线分为相等的两个部分，由一条短线分隔，该短线为“中点”，它与所处的底线呈直角相连，自底线向场内画。除了底线的最大宽度可以不超过 4 英寸（10 厘米）以外，所有其他线的宽度均应在 1 英寸（2.5 厘米）到 2 英寸（5 厘米）之间。所有的测量都应以线的外沿为准。

如果广告位于球场后侧司线的椅子后面，则广告中不能包括白色或黄色。浅色只有在不干扰球员视线的情况下才允许使用。

ITF 说明 1：在戴维斯杯、联合会杯和国际网联主办的巡回赛中，对于底线后侧和边线两侧区域大小的具体要求分别包括在各项赛事的相关条款中。

ITF 说明 2：对于俱乐部和业余选手，底线后侧场地距离至少为 18 英尺（5.5 米），边线侧面距离至少为 10 英尺（3.05 米）。

❖ 永久固定物

网球场地上的永久固定物不只包括球网、网柱、单打支杆、网绳、钢丝绳、中心带及网带，以下情况也算永久固定物，如球场四侧的挡板、看台、环绕球场固定或可移动的椅子和观众，以及所有场地周围和上方的配套设施，还有处于各自预定位置的裁判、司网裁判、脚误裁判、司线员和球童。

ITF 说明：为使本规则充分执行，“裁判员”的含义为，坐在球场裁判席的裁判，以及所有在比赛中协助裁判执法的工作人员。

❖ 场地种类

在欣赏一场比赛或者欣赏一名球员的表演时，网球场总是充当

着“大舞台、大背景”的角色，球场的环境、设施，地表的颜色、质地等等，球员与它们融合在一起、映衬在一起，带给观众很好的视觉享受。除此之外，不同质地的网球场给球员提供了不同的发挥技艺、展现风采的天地，不同的球场更造就了不同类型不同风格的选手。草地，古典而优雅，虽然疾风迅雨般的厮杀、争夺全然没有绅男淑女的矜持，但隐隐透着的仍是大家风范与气度；红土地，凝重而深沉，不屈不挠的搏杀奔跑中蕴含的是对胜利的渴望；硬地，跳跃而多彩，充斥着无拘无束的天性，放任着满天满地的幻想等等。网球运动员是很幸运的，因为可以有机会体验如此迥异的球场。

画画的人不能不知道自己面对的是宣纸还是画布，打网球的人同样不能不知道自己是在什么样的球场上打球，而看球的人若不了解网球场则等于失掉了大半与球员同生死共命运的相通之感，也少了许多可以与球员相交流的语言。

1. 草地

这是历史最悠久、最具传统意味的一种场地。由于其对草的特质、规格要求极高，而适宜的草籽又不具备良好的适应性，加之气候的限制以及需要极周到、细致的保养与维护，费用昂贵，所以这种球场（特别是对用作正规比赛的草地网球场）很难被推广到世界各地。目前每年的寥寥几个草地职业网球赛事几乎都是在英伦三岛上举行，且时间集中在六七月，而温布尔登锦标赛是其中最古老也最负盛名的一项。草地球场的特点是球落地时与地面的摩擦小，球的反弹速度快，对球员的反应灵敏、奔跑速度、奔跑技巧等要求非常高，同时球员也利用此特点大打“攻势网球”，发球上网、随球上网等各种上网强攻战术几乎被视为在草地网球场上制胜的唯一法宝，底线型选手在草地网球场常常铩羽而归。

2．人造草地

这是天然草场的仿效物，其结构有点像地毯，只不过底层是尼龙编织物，其上栽植的是束状尼龙短纤维，为保持纤维的直立性，纤维之间以细砂为填充物。这种场地需要平整、坚固的基底，附设有良好的排水结构，并且，因其白色界线是与周围场地直接拼编在一起的，所以免去了许多诸如画线等维护上的麻烦，也使其成为全天候场地的一种，维护者只需经常梳平整理并适时增添其间的细砂就可以了。

3．软性场地

这是不被人们熟知的一个名字，但若提到法国公开赛的红土球场，人们立即就不会有陌生感了，它是“软性球场”最典型的代表。另外，常见的各种沙地、泥地等都可称为软性场地。这种场地不是

非常坚硬，地表铺有一层细沙或砖粉末，特点是球落地时与地面有较大的摩擦，球速比较慢，球员在跑动中特别是在急停急回时会有很大的滑动余地，这些决定了球员必须具备比在其他场地上更优良的意志品质和更出色的奔跑、移动能力，否则很难取胜。在这种场地上比赛对球员是极大的考验，考验其在底线相持的功夫。球员一般要付出数倍的汗水及耐心在底线与对手周旋，获胜的往往不是频繁上网者，而是在底线艰苦奋斗的一方。值得一提的是，沙地或土地网球场虽然造价比较低，但保养和维护起来却是相当麻烦的，平时它需要浇水、拉平、画线、扫线，雨天过后它需要平整、滚压，等等。由此，打球的人更应该对场地及场地上的一切设施备加爱护。

4．硬地

这是最普通的一种场地，经常打网球的人没有不熟悉这种场地的。它一般由水泥和沥青铺垫而成，其上涂有红、绿等漂亮的颜料或铺有一层高级塑胶面层，其表面平整、硬度高，球的弹跳非常有规律，但球的反弹速度很快，平时易于清扫和维护，基本上用不着很精心的照顾。许多公共网球场都采用这种硬地球场。需注意的是，硬地不如其他质地的场地弹性好，初学者在其上练球时应加强对自己的保护，特别是膝、踝关节，否则由于初学者奔跑、移动的方法可能不尽正确，地表的反作用又很强很僵硬，所以比较容易对一些部位造成伤害。自我保护的办法是：时刻保持膝关节的弯曲以便随时依靠膝关节的升降和缓冲抵减来自地面的反作用力；奔跑时重心落在前脚掌上以使整个身体更有弹性，变向跑动时也尽可能地降低

重心。

5．合成塑胶场

这种场地的材质与塑胶田径跑道的材质属同类，它以钢筋混凝土或其他类似的材质结构为基底，表面铺撒的是合成塑胶颗粒，其间以专用胶水相黏。这种场地的弹性及硬度依塑胶颗粒的大小、铺撒的紧密程度及其本身的特质而定。塑胶场地颜色艳丽、管理方便，室内外皆可铺设，也是可供选择的理想的公共球场。

6．网球地毯

顾名思义，这是一种"便携式"可卷起的网球场，其表面是塑胶面层、尼龙编织面层等，一般用专门的胶水黏接于具有一定强度和硬度的沥青、水泥、混凝土底基的地面上即可，有的甚至可以直接铺展或黏接于任何有支持力的地面上，其铺卷方便，适于运输且有非常强的适应性，室内室外甚至屋顶都可采用。球的速度需视场地表面的平整度及地毯表面的粗糙程度而定。在保养上这种场地也是非常简单的，只要保持地面清洁，不破损、不积水（与相应的排水设施配套）就可以了。

以上几种都是人们很熟悉的球场，除此之外还有专门用于儿童的小球场，材质都类同，在此不多做介绍。

❖ 国际网球竞赛规则对场地的要求

国际网联和国家体委颁布的《网球竞赛规则》中规定，一片标准网球场地的占地面积不小于36.58米（长）×18.29米（宽），这个尺寸也是一片标准网球场地四周围挡网或室内建筑内墙面的净尺寸。在这个面积内，有效双打场地的标准尺寸是：23.77米（长）×10.97米（宽），在每条端线后应留有空余地不小于6.40米，边线与挡网的距离不小于3.66

米。在球场安装网柱，从两柱中心测量，柱间距离是 12.80 米。网柱顶端距地平面是 1.07 米，球网中心上沿距地平面是 0.914 米。

如果是两片或两片以上相邻而建的并行网球场地，相邻场地的边线之间距离不小于 4 米。

如果是室内网球场，端线 6.40 米以外上空净高不小于 6.40 米，室内屋顶在球网上空的净高不小于 11.50 米。室外网球场首先要考虑的问题：

日照问题。为了避免日光眩目，室外网球场走向多为南北走向，如果周围有建筑物遮蔽，可另行别论。

降雨排水问题。为了保证在最短时间内恢复场地的正常使用，国际网联规定，室外场地的散水坡为横向，坡度不大于千分之八。

室外网球场地的四周围挡网高度一般在 4 ～ 6 米，视球场周围环境与建筑物高度，也可适量增减。需要安装照明灯光的网球场，除室内屋顶灯具分布外，室外球场上空和端线两侧不应设置灯具。室外球场灯具应设置在两侧围挡网距地面高 7.60 米以上，灯光从球场两侧向场面均匀照射。

灯光照度应当根据球场使用的不同用途，请电光源技术人员专门设计。经验告诉我们，每片网球场照光的平均照度，应当在 600 个勒克斯以上。

❖ 如何应付不同的场地

在比赛中，战术和步法必须根据场地的不同而变化，所以对于经常参加网球比赛的球员来说，考虑各种球场地面的特性并采用相应的战略是非常重要的。

草地球场：球速快，脚下滑。与硬场地相比，击球点的位置要更靠前。

地毯球场：重心下降、放低姿势，即使移动脚步也必须以低重心姿势，注意击球结束时的收身动作要紧凑。比任何球场都要更积极应战，大胆施展你所掌握的任何一种进攻战术。比如，发球上网结合截击球、接发球抢攻等。攻守的比例是攻 8 守 2。

土地球场：球速慢，弹跳力降低，可以多采用反弹球战术。接发球时并不一定要在前面打，可以在底线后等球下降了再打。把球的落点打深比一味强调进攻更重要。其他的击球也可以大幅度动作。步法应采用滑步，以便保存体力和扩大控制球范围。最好能使用弧线球、角度球、近网小球等多样击法迷惑对手。持久战时，注意减少失误。攻守的比例是攻 6 守 4。

塑胶场地：整体的球速和步法都比较快，上旋球打法威力会大减。不过，积极上网却有令人意外的成效。这种球场比黏土场地更容易消耗腰腹和下肢力量。攻守的比例是攻 7 守 3。

❖ 世界上最美丽的10个网球场

下面是被人称为“网球天堂”的世界上最美丽的 10 处网球场。

1. 美国夏威夷比格艾蓝毛纳基亚俱乐部，这里有 17 个维护得很好的硬地网球场。

2. 美国夏威夷毛伊的怀莱阿网球俱乐部。

3. 美国棕榈泉拉曼查俱乐部。

4. 美国迈阿密的多拉尔 – 拉奎特俱乐部，有 17 个网球场。

5. 英国温布尔登网球场，这里有 18 个草地网球场。

6. 英属维尔京群岛的彼得岛饭店网球场。

7. 法属波利尼西亚的博拉博拉网球场。

8. 摩纳哥蒙特卡洛的城郊俱乐部。

9. 波多黎各帕尔马斯德尔马网球场。

10. 德国柏林的蓝白中心球场，共有 24 个场地。

网球拍

❖ 网球拍概述

我们经常说“球拍就是手的延伸，是球员身体的一部分”，用一把好拍子无异于为自己添了只好手。所以，如果有条件的话，初学者从最初学握拍起就应该用一把好拍子，因为拍子越好，其与手的亲和力就越强，而这种亲和力有时几乎决定着初学者掌握技术和提

高水平的速度。好拍子的另一个优点是可以对球员的身体起到一些保护作用，特别对于初学者而言，发力的不规范及动作的不尽合理会给身体特别是手臂造成某种不适，而一把好拍子则可利用其良好的弹性及力的传导性形成明显的减震效果，从而把这种不适降到最低程度，避免手臂的劳损。在这里，好拍子的概念是不能一概而论的，其优点也非几句话能说得完，下面的介绍可能对你会有一定的帮助。

1. 球拍的质地

球拍根据其材料的性质可分为高强度球拍（stiff racket）及相对来说的软质球拍（flexible racket）。其中高强度球拍的控球能力相当强，适用于上网型或非常强调球的旋转的选手，但这种球拍由于柔韧性欠佳，所以不能利用球拍本身的弹性给球以很好的推进速度，手感比较僵硬。软质球拍的弹性非常好，手感比较灵活，能够给球以很大的推进速度，但是其控球的能力稍逊。

2. 球拍的重量

球拍的重量及拍头与拍柄重量的平衡要根据球员驾驭球拍的能力及个人的偏好而定，有人喜欢拍头比拍柄重，有人相反，有人则喜欢头柄相称一样重。一般来说头重的拍子在感觉上能给球以更大的惯性及速度，柄重的拍子在控制球时可以感觉比较省力，而总体上比较轻的拍子更容易操纵一些，但对肘部的压力也大一些。

3. 拍面大小

拍面的大小可根据拍框上的数字来确定，大拍面（oversize）、中拍面（midsize）及普通拍面（regularsize）相对应的尺寸分别为 110、100、90－95SQ.IN（平方英寸），目前已经出现了 124SQ.IN 的超大拍面。初学者最好选用大拍面进行练球，因为拍面大，与球的接触面也就相应大一些，击中球的概率也就高一些。虽说这只是许多初学者的一种感觉（他们在用拍面较小的球拍学球时，总觉得不甚有把握击中球或经常就是击在了拍框上），但这种感觉是足以成为选择大拍面的理由之一。

4. 拍柄的粗细

拍柄的粗细一般在 4 又 1/8 至 4 又 7/8 英寸的范围，多数人的尺寸是 4 又 1/4 至 4 又 5/8 英寸，拍柄一般都包有皮革。拍柄粗细是否合适的标准是手握球拍时拇指的指甲是否能盖在中指近指甲处第一个关节之上，超过则有些细，可缠上一层吸汗带以增加些粗度；不到则有些粗，最好予以调换。发球上网型或是进攻型或是防守型的选手比底线型选手多喜欢用粗一些的拍柄。

5. 球拍的价格

买球拍要考虑的一个重要因素是价格。笔者认为，在能够支付的范围内应选择价格较高的一种球拍。因为网球爱好者不一定都是制造拍子的专家，所以评定拍子的好坏绝大程度上只有以价格为最基本最直观的参考。这就要求商家在定价格的时候把球拍的质地、档次真实地反映出来，不要让我们很多并不富有的购拍者比如学生在多种多样的价格面前摸不着头脑。

6. 球拍的手感

买球拍必须是在经过反复的选择、比较之后才能拍板定案。笔者曾经在买拍子的时候提出想用看中的拍子样品颠几下球，但是被售货员拒绝了，原因是球拍属“比较高档”的商品并且商店里没有为顾客准备试拍用的球，后来换了一家让笔者试的商店买下了相同的一把球拍。这件小事引发了笔者很多感想，用球拍颠几下球可以稍微感觉一下球拍在手里与手的亲和感是否很好，也可以试试球拍与球接触时是否很震手，这是最最基本的感觉了，这是消费者起码的需求。

7. 拍弦的松紧

我们看到商店里售卖的球拍很多都是已经穿好弦了的，且绷得很紧，足有70磅，初学者买来后好像是拿了块木板在打球，毫无弹性和韧性，更谈不上什么手感，用得时间久了甚至会引发某些损伤，这是需引起注意的一种情况。正常来讲，网球拍在出售时应是没有穿弦的，因为每个人对拍弦的要求不尽相同，有人希望弦穿得紧一些，有人希望松一些，有人喜欢也用得起高级弦，有人则用普通的，在这一点上没有“绝对统一”可言。商家也许是为了顾客方便才事先把拍弦穿好的，但无意间却也把许多的不适强加给了顾客，这就事与愿违了。

❖ 网球拍的标准

不符合下列要求的球拍不允许在正规比赛中使用。

1．球拍的击球面应该是平坦的，由连接在球拍框上的拍弦组成统一规则的网面，拍弦在交叉的地方应该是相互交织或相互结合的；拍弦所组成的式样应该大体一致，中央的密度特别不能小于其他区域的密度。球拍的设计和穿弦应使球拍正反两侧在击球时性质大体保持一致。

拍线上不应有附属物或突出物，除非该附属物仅仅并且非常明确的是用来限制和防止拍弦磨损、撕拉或振动的，而且它的尺寸以及位置也必须是合理的。

2．从 1997 年 1 月 1 日起，在职业比赛中使用的球拍拍框的总长度（包括拍柄）不能超过 73.66 厘米。从 2000 年 1 月 1 日起，在非职业比赛中使用的球拍拍框的总长度（包括拍柄）不能超过 73.66 厘米。在此之前，非职业比赛中使用的球拍的最大长度为 32 英寸（81.28 厘米）。拍框的总宽度不能超过 12 又 1/2 英寸（31.75 厘米）。穿弦平面的总长度不能超过 15 又 1/2 英寸（39.37 厘米），总宽度不能超过 11 又 1/2 英寸（29.21 厘米）。

❖ 认识和选购网球拍的常识

1．如何辨别假冒品牌的网球拍

一般有品牌的新型球拍或明星选手拿的球拍，因为价位较高或较热门，很容易被仿冒，如 Wilson、Prince、Head 等就是仿冒球拍的主要对象，而在球拍类型中又以握把设计是传统 PU 或一体成型的球拍最容易被仿冒，而明星球员所拿的球拍在握把设计上大多是

传统的 PU 握把，仿冒起来并不困难，只要找只类似的粗胚模，再上相同的色漆及标志，就可做出拍身外观几乎一模一样的球拍了。Wilson 的 Hammer 系列因球拍好打，又是一体成型的球拍，所以仿冒起来也很容易。

简单方便的辨别仿冒球拍的方法：要辨别真假品牌并不是很困难，一般是注意要有镭射标志及代理商的保证书，但市面上还是会有水货，这就要注意镭射标志或握把皮带、后面部位的商标及品管标志等，还要注意整只球拍标志的完整性。

2. 球拍的材料

1963 年，木质球拍几乎占领了所有的网球拍市场。到了 20 世纪 70 年代，金属的球拍取代了多数的木质球拍。现在是复合材料的天下，如碳纤维、玻璃纤维、克维拉纤维、高张力碳纤维、钛、超刚性碳纤维等材料单独使用或混合使用。为什么呢? 因为这些材料与木或铝比起来更轻、更硬、更耐用，也更能吸收振动。这些材料同时让制造厂商在球拍的硬度、球感、性能的设计上有更大的伸展空间。在选购球拍之前，最好先了解该球拍是什么材料做成的，不过也有很多厂商所标示的材料实际上只加入了一点点，根本起不了作用。

现代网拍制造业中已使用了接近宇航工业和军事工业产品的材质。近 20 年来，金属材料和化学材料的高水平提升为网拍制造奠定了坚实基础。当然，这些新材料和新技术的应用，不仅是商业产品激烈竞争所致，更是网球运动飞速进步所需。目前，碳纤维、玻璃纤维、克维拉纤维、高张力碳纤维、钛、超刚性碳纤维等材质已大量使用到网拍制造材质之中。越来越坚硬的球拍被不断制造出来，以适应击打出更快速、更有力的球。这场网拍制造技术的革命至今仍然在继续。但是坚硬的球拍及其硬度提高必然降低了球拍的避震和回弹性能，也更容易造成初学者和非力量型选手的手关节和腰背肌肉受伤。所以，在选购网拍时，应首先了解所使用的材质和避震性能设计时有无“双重互补”系统，初涉网坛的爱好者和青少年选手更应该选择材质硬度适中且兼有避震性能设计的网拍。

需要说明的是，材质的坚硬是制造网拍所追求的目标。但只有材质坚硬而韧度适中且避震系统设计较好的球拍，才是与网球运动发展相适应的成功球拍。如果是减震能力较弱的球拍，也可在拍面下端加装避震器。

硬的球拍能产生更大的威力、更大的甜区、更稳的方向控制性与更小的震荡（因为硬的球拍击球后振幅小，振动时间短），几乎所有的因素都能减低网球肘的发生。而有弹性的球拍也有一个优点，就是对深度的控制性较佳，适合挥拍速度快、摆动幅度大的球员。

3．球拍的甜区（sweetpoint）

简单地说，甜区就是球拍面的有效击球区。甜区能给您足够的威力、良好的控球性与扎实的击球。当您用甜区击球，您就感觉很舒适，产生的震荡与振动很小。如果以科学的观点来看，甜区就是拍面上能回馈40%以上的球速点，例如以时速100公里的速度飞来，您打出去的球速能达到40公里以上时，该击球点就是在甜区范围内。从以前的传统木拍发展到铁制、铝合金制、碳纤维制、超刚性碳纤维制，大拍面，宽边，大榔头，威力线孔等球拍，每经过一次技术改革，甜区的面积就扩大一些。过去木拍的甜区既小且低，演变至今甜区不仅大而且位置也升高了些，科技的发展已将甜区扩升到大部分球员击球的拍框上半部范围里了。大的甜区是每一位球员梦寐以求的，它能使球员更容易打得到球，也打得更好，使网球运动更有乐趣。

4．握把的选择

最近网球拍市场中有吸震装置的握把是最热门的，厂商已制造出许多既能吸震以减少球员网球肘的伤害，又能使球员觉得更舒服的各种不同设计的握把。在选择有新设计的握把的球拍时，要确定手部的感觉是否舒适，同时握把的形状也能保持而不变形，还要注意握把的避震装置是否能有效吸收震荡与振动而不只是摆设而已。

球拍拍柄分成 4 个规格：

No.1－4 又 1/8 英寸－1 号握把

No.2－4 又 1/4 英寸－2 号握把

No.3－4 又 3/8 英寸－3 号握把

No.4－4 又 1/2 英寸－4 号握把

（说明：1 英寸 =2.54 厘米）

合适的握把尺寸帮助你打好球，并防止网球肘的发生。如果你不知道该用几号握把，以下是测量的简单方法：

用东方式正手握拍法（手掌放在握把同拍面平行的那面）将球拍握紧，如果你能正好将另一只手的食指放在手掌和中指之间，那么这就是适合你的号码。太小的握把要求额外的力量来防止球拍在你手里转动，太粗的握把使发球时手腕无法充分发力，并使正反手击球时变化握拍变得困难。最终，长久使用不合适的握把使你的肘部慢性受伤。

请记住，增加握把的尺寸比减小它简单得多。大多数握把是无法减小尺寸的，所以如果你的尺寸在两个号码之间，请选用较小的号码，再选用一块较厚的包布。我们建议球手定期更换握把柄带，一块干净、正确包扎的柄带使你感觉良好，能更好地控制你的球拍。

同一型号且拍面大小相同的球拍，握把尺寸愈小，拍子的重量也愈轻，反之亦然。

5．球线的配置

一支未上弦的球拍就像一支无弦的小提琴，只是一个半成品。您应以类似挑选球拍的精神来为球拍选线和穿线。应该选择已经穿好线的球拍还是未穿线的球拍呢？这应以球员的技术水平及要花多少钱买一支球拍而定。上好线的球拍一般都较便宜，一般只适合初学者，因初学者对线的结构、精细、张力等性能较不敏感。买未穿线的球拍花费较高，但是如此较易选到一支能配合您打法的球拍，也能为球拍配上适合您的球线。

（1）选择良好的穿线员

要为球拍穿适合的线的第一步，就是要选专业的穿线员来为您的球拍穿线。良好的穿线员必须要能够回答您有关网线与网拍的各种问题，并帮助您选择适合的球线，包括与您的打法相适合的线径、张力等。

（2）如何选线

市面上有许多的球线供你选择，该用何种构造的球线？多粗？穿几磅？在决定上面几个问题时，要注意这几方面对球线的击球性能与寿命都有很大的影响。还要注意不要挑到店家的库存线，一般较好的线都不会在店里放太久。最好先和您认为可靠的穿线员来讨论您的需要，以决定您的答案。

线的构造：线的构造基本上有两种：①羊肠线；②合成尼龙线。一般而言，羊肠线的击球性能较佳，尼龙线的寿命较长。然而现在市场上也有些既耐用击球性能又好的尼龙线。

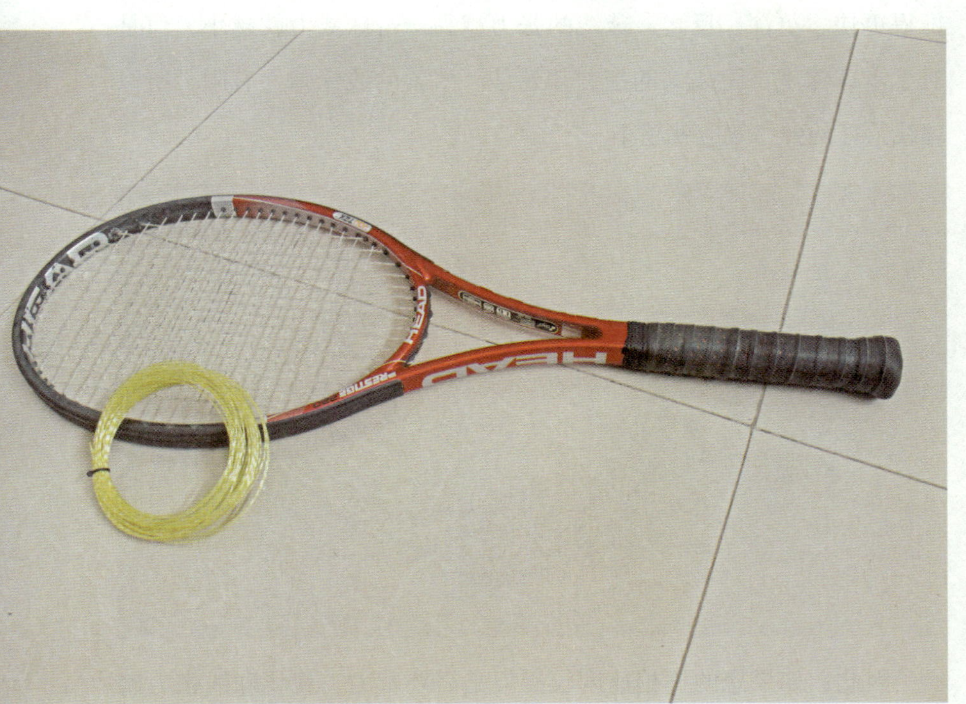

线的粗细：在您决定用何种构造的球线之前，最好先和穿线员讨论并找出适合您的击球“线径”（粗细）。不论是选用羊肠线还是合成尼龙线，线的粗细在击球性能和耐用度的平衡点上亦扮演着很重要的角色。就一般而论，比较细的球线（直径在 1.3 毫米以下）有较佳的球感与击球性能，比较粗的球线（直径在 1.4 毫米以上）耐用度较佳。您应该选择最适合的线径使用。

线的张力：要使您的球拍能适合您的打法，还要注意球线的张力。第一个原则就是球线的张力介于厂商所建议的磅数内，如此球拍的性能才能被发挥出来。如果您不这么做也可能使您的球拍得不到厂商的保证。如要想得到更多的威力，就将球线穿在厂商建议的磅数下限。低张力的球线能产生更大的威力，较松的球线能使线床将球推得更快、更深。反之，球线的张力越高，击球威力就越小，但是对于击球深度（距离）的控制却越佳。太紧的线床弹性有限，所以球线给球的弹弓效应就越小。

因此，如果您的挥拍速度较慢但是需要威力，就将球线张力磅数穿低些。相反，如果您本身的力量就很大，高一点的张力将较适合您。

换线的频率：球线并非打断了才需要换，因为球线被绷紧后经过一段时间就会弹性疲劳而显得呆滞。有一个简单的原则可供您参考何时改换线，就是视您平均一周打几次球，您至少一年就该换几次线，但最少一年应换一次球线。当然专业选手除外。

6. 球拍的保养

一忌受压：铝或合成纤维球拍平置不容易变形，但若有重物压着它，就会导致变形弯曲，甚至产生裂痕。

二忌曝晒：在烈日下曝晒过久，会使球拍膨胀、变形，容易断裂。

三忌潮湿：手柄和网线对潮湿非常敏感。人的手汗分泌物含有复杂的成分，手柄皮套上的汗液如果不能得到及时清理，就会导致异味和霉烂。包缠手柄的吸汗布要经常洗涤、更换。

四忌长期闲置：太长时间不使用球拍，网线就会因老化而失去弹性，易折易断。打完球后一定要擦拭干净，放在球拍套中，最好以悬挂方式放置。长期闲置的球拍要检查柄带是否清洁，球拍是否变形等。

网球

场上用球的外部需要由纺织材料统一包裹，颜色为白色或黄色，接缝处需无缝线痕迹。

用球的尺寸需要符合规则，重量要介于 2 盎司（56.7 克）和 2 又 1/6 盎司（58.5 克）之间。

在从 100 英寸（254 厘米）的高度向混凝土地面做自由落体运动时，反弹的高度应该介于 53 英寸（134.62 厘米）和 58 英寸（147.32 厘米）之间。

当在球上施加 18 磅（8.165 公斤）的压力时，向内发生弹性形变应该介于 0.22 英寸（0.559 厘米）和 0.29 英寸（0.737 厘米）之间，压缩后反弹形变的范围应该介于 0.315 英寸（0.8 厘米）和 0.425 英寸（1.08 厘米）之间。这两个数据之间的差异不能大于 0.03 英寸（0.076 厘米）。

如果在海拔 4000 英尺（1219 米）的高度进行比赛，就需要采用另外两种特用球。第一种是除弹跳高度要介于 48 英寸（121.92 厘米）和 53 英寸（134.62 厘米）之间以外，还要使球的内压大于外部气压，其他方面则与上面的描述完全相同，这种球通常被称为增压球；第二种球除弹跳高度要在 53 英寸(134.62 厘米)和 58 英寸(147.32 厘米)之间外，还要使球的内压大约等于外部的气压，并且能在指定的比赛场地的海拔高度保持 60 天以上，其他方面则与上面的描述完全相同，这种球通常被称为零压球或无压球。

所有关于球弹跳、尺寸和形变的测试，都需要符合规定。

国际网球联合会将对任何关于某种球或样品是否符合上述标准，或是否可以被批准用于比赛的问题进行裁决。这种裁决有可以是国际网联本身主动进行的行为，也可以依据所有真正感兴趣的人或包括任何选手、器材生产厂商或国家网球协会，以及他们的会员的申

请来进行。这类申请与裁决应该按照国际网联的审查与听证程序来进行。

ITF 说明：所有按照国际网球规则进行的比赛中所使用的网球，必须列在由国际网联颁布的 ITF 官方批准用球的名单上。

球的选择要视水平而定，标准弹性的球当然人人可用。市场上网球品牌很多，但质量和价格永远都是选择网球的主题。一般来讲，选择网球需注意两个方面。

❖ 鉴别网球的优劣

虽然网球具备技术指标和等级区分，但是由于一些技术指标的检验是需要在一定的检验条件和检测设备下进行的，而一般消费者又没有专业的仪器，那么如何判定呢？首先，我们拿到的如果是罐装网球时，必须看罐的气压是否足，因为如果罐的气压不足将影响到内存网球的保存。如果我们拿到的是袋装球时，可以用手去挤压网球，看是否会马上弹出，若凹下去不会反弹，那肯定是次品球，同时要注意目前市面上有一些挤压下去感觉非常硬的、称为“铁蛋”的网球，这些球虽然价格很低，但实际上它并不是真正意义上的网球。另外，我们可以目测网球球面，看毛呢是否有污点、是否匀称，看色泽是否一致，看是否有结团现象，看嵌线是否均匀，看毛呢是羊毛还是化纤（羊毛呢球较厚实）。在对弹性的测试时，可以让球从 2.54 米的高度自由下落，看其在混凝土平面上的回弹高度如何。当然，产品的外包装完好、印刷图案清晰则是一个产品最基本的要求。

❖ 选择适合自己的网球

每个网球爱好者的技术水平不等、购买力不等、所使用的网球场地不同，这就决定了每个网球爱好者需要选择不同性能、不同档次的网球产品。网球选手对网球的要求主要有“弹性、耐打性、硬度、落点”这几个方面，不同水平的选手会有不同要求。譬如，职业选手其技术水平高、击球速度快、力量大，对网球的质量要求比较高，要求的网球就必须有弹性好、耐磨性强、落点稳定、硬度好等特点。而一些准专业选手和高水平的业余选手、休闲人士虽然没有职业选手水平那么高，但对网球也有较高的要求，则可以选择一些质优且市场价格比较适中的球。对于一些刚刚踏入网球殿堂门槛的爱好者特别是年轻朋友来说，需要的是既适合自己技术特点又要符合自己收入水平的网球产品。

为了练球起见，初学者最好选择软一些、弹性弱一些或专门用于练习的稍大于标准的球，这样的球比较迟钝，速度比较慢，也比较容易驾驭，可令初学者多打几个来回从而更多地体验到击球时的手感，但是水平提高到一定程度后还是要用标准球练习为佳，弹性不好的球不利于进一步培养球感。

第三章

网球基本技术

握拍

❖ 网球基本握拍方法

在所有的网球技术中，最基本的仍是握拍法，它能直接影响球拍面接触球的角度。目前世界上流行的基本握拍法有三种，即东方式、大陆式和西方式。由此还派生出一些混合式握拍法，如半西方式握拍法、超东方式握拍法、超西方式握拍法、双手反手握法中的东西方式混合握法等等。不同的握拍法产生了各种不同的击球效应和打法，不同的打法在世界网坛上都获得了较好的成绩。因此，我国在开展网球运动中，三种主要的基本握拍方法都应提倡，相互促进，推动网球技术不断地发展。

1. 握拍的重要性

握拍的方法与击球动作有着密切的关系。俗语说：球拍是击球者手臂的延伸和手掌的扩大，每个击球动作都是由手臂、手腕、手指相互配合用力来完成的，所以握拍的好坏对技术的提高和全面发展有较大的影响。作为初学者，必须按正确的方式握拍，使拍面以正确的部位和角度与球接触。起初可能会有不习惯、不舒服之感，但坚持一段时间后就会领会到正确握拍法的好处。

2. 握拍术语

握拍术语是对握拍手的“虎口”所形成的“V”形而言。但每个人的手不可能完全相同，单凭“V”形不一定可靠，所以必须从以下三点来进行检查：手掌根，即小鱼际所在的部位；食指下关节，即食指掌指关节腹面所在部位；手指垫，即拇指指间关节腹面所在部位。

3．握拍种类及其优劣

（1）东方式握拍法（又分为正拍和反拍两种）

东方式正拍握拍法：左手先握住拍颈，使拍子与地面垂直，然后手掌也垂直于地面，手握拍柄好像与人握手，故亦称“握手式”握拍法。准确地说，用右手掌根与拍柄右上斜面贴紧，拇指垫握住拍柄的左垂直面，食指微离中指，食指下关节压住拍柄右垂直面。由此拇指与食指成“V”形，对准拍柄的右上斜面和左上斜面的上端中间。

东方式反拍握拍法：从正拍握法把手向左转动（把拍子向右转动），使拇指与食指成“V”形，对准拍柄左上斜面与左垂直面的中间条线。用手掌根压住拍柄的左上斜面，拇指贴在左垂直面上，食指下关节压在右上斜面上。

优势：东方式正手握拍可以被称为“万能握拍法”。采用这种握拍，拍面可以通过摩擦球的后部击出上旋球，还可以打出有很大力量和穿透性的平击球。同时，东方式握拍很容易转换到其他握拍方式，因此，对那些喜欢上网的选手，东方式握拍也是不错的选择。

劣势：与大陆式握拍相比，尽管东方式握拍的击球点在身体前部要更高更远一些，但它仍不适用于打高球。虽然东方式握拍击出的球比较有力量和穿透性，但更多的是平击球，这就导致稳定性会差一些，因此很难适应多回合的打法，因此东方式握拍不适合那些希望打出更多上旋球的选手。

（2）大陆式握拍法

与东方式握拍法不同，大陆式握拍法在进行正、反拍击球时都无须变换握法。握拍时用手掌根贴住拍柄上部的平面，食指与其余三指稍微分开，食指上关节聚贴在右上斜面上，拇指垫贴在拍柄的左垂直面上。由于大陆式握拍形同握钉锤，也被称为钉锤式握法。

优势：运用大陆式握拍法可以使你在发球或打过顶球时手臂自然下压，这样不但攻击的效果最好，而且给手臂的压力也最小。由于在打正手和反手球时（主要是下旋球）不需要调整握拍法，因此大陆式握拍法也是打网前截击球的最佳选择，因为采用这种握拍法可以使攻防转换十分迅速。同时，它还适合于在防守时击打已到达身体侧面、击球点较晚的球。

劣势：用大陆式握拍法很难打出带上旋的击球。这就意味着你的击球点必须要比球网高，由于球在这一点停留的时间非常短暂，所以给你留下的击球时间就很短。另外，这种握拍法不容易处理高速的落地球。

（3）西方式握拍（又分正拍和反拍握法）

西方式正拍握拍法手掌心朝下，手掌的大部分放在拍柄的底部，手掌根贴在拍柄的右下斜面上，拇指压在拍柄的上部手面，食指的下关节握住拍柄的右下斜面。拇指与食指的“V”形对准握柄的右垂直面。握拍的形状好似“一把抓”。西方式反拍握拍法在西方式正拍握拍的基础上，把球拍上下颠倒过来，用同一拍面击球或手腕顺时针转，使拇指与食指的“V”形对准拍柄的左垂直面，食指下关节压住拍柄的上部手面，手掌根贴在左上斜面。

优势：这是一种很“极端”的握拍方法，手腕的位置迫使拍面强烈地击打球的后部，从而产生更多的上旋。你可以让击出的球恰好过网，但过网后它就会立刻下坠，而球在落地后还会高高地弹起，这就会迫使你的对手退至底线后回球。这种握拍比其他任何一种正手握拍法的击球点都要更高更远。正是因为西方式握拍法对高球的良好控制，因此许多土场选手和青少年都很青睐这种握拍法。

劣势：回击低球是此种握拍法的致命点。这就是许多采用这种握拍法的职业选手在球速较快、球的反弹较低的硬地或草地场上比赛时表现得不尽如人意的原因。同时，你需要以更快的挥拍动作来给球加上必要的旋转，否则，击出的球就会既没有速度也没有深度。对于一部分选手来说，采用这种握拍法也很难打出线路较平的球。

（4）混合式握拍法，即半西方式握拍法

它的正拍握法是介于东方式和西方式之间的，拇指与食指的“V”形对准右上斜面。它的特点是便于拍击任何来球，目前被不少优秀选手所采用。

优势：相对于东方式握拍法，这种握拍可以让选手将球打出更多上旋，使球更容易过网，也能更好地控制线路，因此，它很适合打上旋高球和小角度的击球。而且这种握拍还可以打出更深远的平击球。它还适合大幅度地引拍，而且强烈的上旋有助于把更多的球打在场内。这种握拍在身体前部的击球点比东方式握拍更高、更远，因此更有利于控制高球。

劣势：半西方式握拍不适合回击低球。因为采用这种握拍时，拍面自然地呈关闭状态，这样迫使选手必须打球的下部然后向上挑，于是容易给对手留下进攻机会。另外，如果从这种握拍转换到大陆式握拍法需要做很大的调整，因此多数底线力量型打法的选手在上网时就很不舒服。

（5）双手反拍握拍法

右手是东方式反拍握法，握在球拍拍柄的底部，手掌根与拍柄

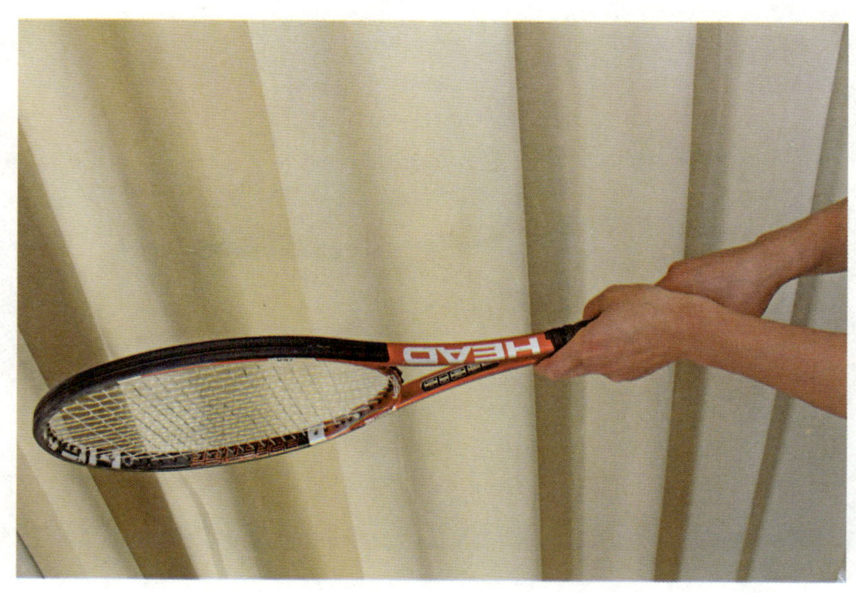

对齐。左手握在右手的上方，做东方式正拍握拍法。该握拍法的优点在于使力量不足的运动员学反拍比较容易，同时这种握拍法易于对来球加上旋和进行发力，击球点可更靠后些；且动作的隐蔽性强，对方不易发现是击斜线还是击直线球。缺点在于对步法要求精确。

优势：适用于单手力量不足或双手具有良好协调性的选手。比起单手反手击球，双手反手借助肩部的转动和小幅度的挥拍来发力，因此采用双手反拍法来接发球的成功率比较高。这个握拍法还适合处理低球，而且在回球时力量很足。

劣势：因为是双手握拍，这就限制了跑动，因此在进行大幅度移动击球时都很困难，而且不容易转身挥拍。同时，双手反拍选手过分依赖于上旋球。而要想有效地击出削球，双臂挥出的同时，还要保持前肩的稳定性。对于习惯扭臀转肩的双手反拍选手来说，这可并非易事。另外，上网截击对许多双手反手选手来说也是一件很头疼的事，因此他们在上网时会感到很不舒服。

（6）双手正、反拍握拍法

正拍击球时是双手握拍，反拍击球时也是双手握拍。如著名女运动员塞莱斯就是这种握法。它的动作要领是:（以右手持拍者为例），右手为东方式或混合式握拍，左手握在右手上方，当对方击球朝正拍来时，左手下滑，右手迅速与左手换位，形成类似左手持拍反拍击球动作。击完球后,还原至右手在后,左手做准备动作。反拍击球时，与双手反拍击球握法相同。该握拍法的优点是：正反拍击球没有明显弱点，都能给对方构成威胁，而且动作隐蔽，便于发力；但要求运动员判断准确，反应敏捷，步法移动快。

（7）超东方式反手握拍

这是西方式正手握拍选手多采用的反手握拍，因此也有人将其称为半西方反手握拍。可以采用大陆式握拍，并逆时针将球拍转至下一个平面。你的食指根部仍处于拍柄的上端，但其他三个手指根部几乎与食指处于一条与拍柄平行的直线上。这样的握拍就像在拍柄上握拳一样。

优势：同西方式正手握拍一样，这种握拍也是很多土场选手采用的握拍法。采用这种握拍法时，拍面比普通东方式反手握拍关闭得更多一些，而且击球点也在身体前更高更远的位置，这样有利于处理高球，而且也容易打出带上旋的回球。许多能打出极具杀伤力的反手球的选手都是采用这种握拍法。

劣势：它与西方式正手握拍有着相似的局限性，即不适合处理低球。因为它也是一种极端的握拍法，因此也不能很快地转换握拍法来打网前球。采用这种握拍法的选手通常喜欢打底线或进行单打比赛。

4. 西方式握拍法与大陆式握拍法有什么不同

西方式握拍法是网球传统握拍方法之一，西方式握拍法过去曾在美国西部加利福尼亚州一带流行，因而取名西方式。由于太复杂，只有少数专业运动员采用。其要点是：拇指与食指几乎成直角，拇指直伸压住拍上平面，食指下关节握住右上平面，手掌根贴住右下斜面，与拍底平面对齐。西方式反手握拍法是在正手握拍法的基础上，手腕按顺时针方向转动，拇指直伸紧压拍子左垂直面，食指下关节压住上平面，手掌腰部贴住上斜面，与拍底平面对齐。简单地说，就是把球拍柄上下平面颠倒过来，正、反手在同一拍面击球。

大陆式握拍法是网球传统握拍方法之一。大陆式握拍法过去在欧洲大陆，特别是法国的草地网球赛中流行。现在多用于进行击下旋球、上网截击和发侧旋球。大陆式握拍法的要点是：由拇指与食指形成的“V”形虎口放在拍把手的上平面与左上斜面的交界线上，手掌根部贴住上平面，与拍底平面对齐。食指与其余三个手指稍分开，食指点下关节紧贴在右上斜面上。由于大陆式握拍法在正、反手击球时球拍不用转动，因而在上网截击，或在来不及判断该用正手或反手击球时使用较方便。实际上，世界上许多习惯用东方式握拍法击球的优秀选手，在临场比赛中都经常自觉或不自觉地使用了大陆式握拍法。

5. 单手反拍练习者常用的握法

打单手反拍的人最好用什么握拍法？与这种握拍方法相关的理想击球点在身体的什么位置？这是很多练习者关心的问题。

最佳的握拍方法将使单手反拍的动作更流畅、更优异。一般来讲，大陆式握拍和东方式反拍都是可以选用的单手反拍的握拍方式。

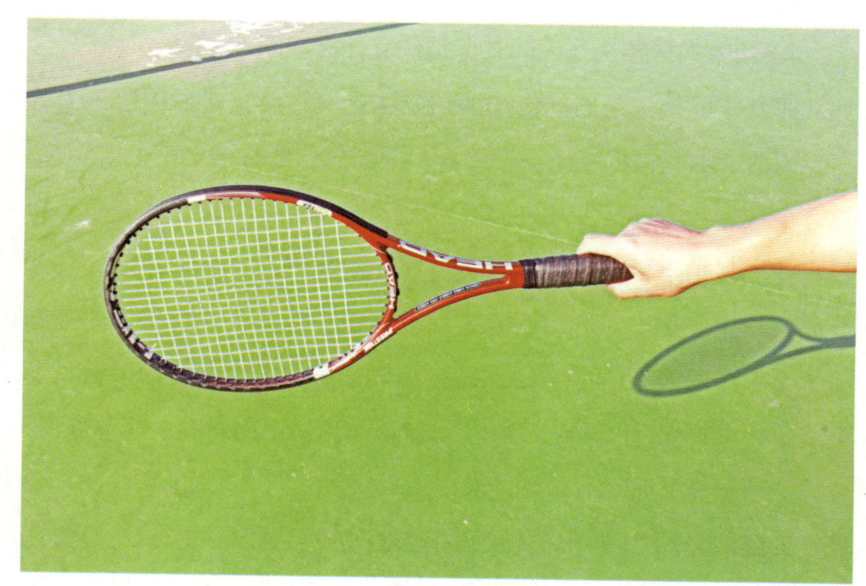

大陆式握拍：是在拍面垂直地面的时候，你的拇指和食指形成的“V”字恰好置于拍柄上方（也就是拍柄上第二宽的界面）。在球速较快的场地上，这种握拍可以帮助球员打出多变、犀利的反拍球。

东方式反拍：是在拍面垂直地面的时候，食指最下面的关节，恰好置于拍柄的上方（也就是拍柄上第二宽的界面）。这种握法使得拇指和手掌大部处于拍柄的后面，让手腕处于相当稳固的状态。

除了上面两种握法，一些红土高手还使用更加极端的握拍方式来打单手反拍，如超西方式。但笔者认为这种握法不太适合大部分练习者。这里暂且不做介绍。

❖ 改变打球握法的利弊

有人问道：他过去一直使用西方式打正拍，但老师或教练却鼓励他改用传统的握拍方式。虽然他对自己的西方式握法已经很适应了，但老师或教练仍然认为不改变握法会影响他的提高。他是否应该改变握拍方式呢？

其实，改变握拍方式的确不容易，一般说来年纪越小改起来越容易。当然，需要提醒的是，如果你的西方式正拍打得很好，既稳定又有攻击性，那就千万不要丢掉。同时使用多种握拍方式打球并不是不可能的事情。当你处于进攻态势，且准备充分的时候，西方式正拍会帮你达成不错的攻击效果；当你正在防守，或者正在打过渡球，或者上网的话，传统的东方式和大陆式握拍应用效果不错。我们经常看到职业球员在底线打出上旋强烈的抽球，但在打反弹低的球或者处于防守的时候，就调整为传统握法击球。应当承认，能够在球场的任何一个位置运用最恰当的握拍方式打出有效的击球，才是对优秀网球运动员的要求。

❖ 非持拍手的运用

1．维持拍形，帮助转拍改变握法

网球是靠你哪一只手臂打的？当然是持拍手臂了。但实际情况却并没有这么简单。能够很好地运用非持拍手臂，是提升打网球技巧的关键要素之一。

案例：某练习者学习网球也有些日子了，但他总是受到持拍手臂僵硬、紧绷的困扰。持拍手臂越是僵硬，拍面就越难调整，连续击球就越难做到，对击球深度的改变就更难了。

症状：内行人一眼就可以发觉，该练习者在打球的过程中，非持拍手臂从未抓握过球拍，而持拍手则从始至终都在紧握球拍。其纠正工作便围绕双手如何彼此协作展开了。

训练：首要的任务就是让练习者放松持拍手臂。在处于准备姿势或者两次击球之间，要求他必须用非持拍手负责抓握球拍，而让持拍手完全放松，只是简单地放在拍柄上。这样一来，持拍手臂的肌肉就可以在大部分时间里处于放松状态。非持拍手抓握球拍时请注意，要将手放在拍颈部位，并伸出食指放在弦床上，借此精确感受到弦床和身体之间的距离，为寻找到合适的击球点提供方便。

在对手击球后，练习者会根据来球选择是使用正拍还是使用反拍。此时，要求他的非持拍手继续握住球拍，直到身体扭转后双手分开，才让持拍手承担起单独抓握球拍的责任。这样做的目的显然不是简单的放松，而是帮助调整拍面。无论是打正拍还是打单手反拍，非持拍手在即将离开拍颈的时候，都能帮你完成对握法的最后调整。在观看顶级球员比赛的时候，调整拍面对非持拍手的依赖表现得尤其明显。如费德勒在引拍的最后阶段，非持拍手依然握住拍颈，以便将拍面调整到最佳状态。

2. 维持身体平衡，帮助挥拍转体

要想让击球动作协调、敏捷，就要让两只手臂都派上用场。

众所周知，打正拍球时，为了让上身获得良好的平衡，打出力道和流畅性俱佳的击球，非持拍手臂应当伴随击球协调运动。很多人（不管他们的球技如何）的正拍不能提高，都是因为两只手臂无法协调工作。主要表现有两个方面：滞肘和死臂。下面就介绍其中的解决之道。

（1）问题分析

滞肘：滞肘是持拍手臂挥拍过程中最常见的问题。身体一侧的肩膀已经转动，但另外一侧的肩膀却没有向同一方向转动，导致上身在转动中被挤得紧紧的，抑制了挥拍的发力动作。可以说，这是自己给自己制造的障碍。

死臂：在正拍击球时，非持拍手臂既不会辅助完成随挥，也不会产生滞肘，只是无力地垂在身体的一侧。相对滞肘，死臂的毛病虽然并不太严重，但也不是最理想的运用方式。

（2）如何纠正

训练时先打 10 到 15 次正拍击球，留意自己非持拍手臂的运动情况。它会跟着挥拍一起随挥吗？它会在持拍手臂击球时横跨在下面吗？或者，它只是简单地垂在身体的一侧，毫无作为吗？清楚了自己的真实情况，就可以对症下药了。

练习将非持拍手臂放到后背上去击球。使用这种姿势打一阵子球，等到你习惯它，根除滞肘的效果就会出来了。当非持拍手臂背到身后的时候，会自动强迫你打开肩膀释放身体，使身体在击球时的转动更加充分。用这种方式击球时，感觉比滞肘的时候还要更灵活自由些，久而久之还对手臂的最终配合挥动大有好处。

随挥的时候，用非持拍手抓住球拍。如果前面两种方法都不管用的话，那就尝试这种老式的方法，它对解决滞肘和死臂都有好处。要领就是在正手挥拍结束的时候，让非持拍手抓住球拍。这样一来，非持拍手臂就必须和持拍手臂一起运动了，身体也被充分打开，为击球手臂的挥动提供了充裕的空间。虽然这种方法没有前面的一种方法有效，但也的确适用于很多练习者。

正手击球

❖ 正手稳定击球的通则

在各种打击中，最先学好的可能就是正手击球。但是，随着水平的提高，你一定会为正手击球觉得苦恼。如何才能使正手拍打击稳定？怎样才能彻底地打好正手击球？以下提供八条通则：

1. 握拍法决定击球姿势

要培养稳定的正手击球，首先要解析你的握拍法。是采用稍微轻轻握住的东方式握拍，或稍用力握住的半西方式，还是用西方式握拍法，不同的握拍方法会对打击姿势造成很大的变化。

（1）东方式握拍法

以发球上网为主的博格，手拍是采用轻轻握住的东方式握拍法。虽然没有如同射击子弹的威力，但是他却以这种握拍注重配置姿势打，正手拍，一有可乘之机即摆出打击姿势冲上球网。这种握拍法的优点是能够将准备打着地球的姿势顺利地转为上网打击。

（2）大陆式和西方式握拍法

以底线抽球为主的张德培打正手拍时的握拍法，系用比东方式握紧的西方式握拍法，他以这种握拍法打旋转系球，一有机会就积极扬高击球，取得分数。

2. 区别运用引拍方式

东方式握拍法要收紧腋下，即所谓传统式引拍。半西方式及西方式握拍法就用手肘抽拍，即所谓现代式引拍。

（1）东方式握拍法的引拍

采用东方式握拍法的人，为了正确地挥拍向打击方向，就要收

紧腋下。最好要下意识地收紧拿着球拍的手臂。这样引拍的话，失常的机会较少。要记住，在身体前面准备好了引拍姿势就收紧腋下，然后往后抽回球拍，这个动作愈干净利落，就愈能够正确地向打击方向挥拍。练习中可以让练习者把球挟在腋下，由球伴送球练习引拍的动作，如果举拍时，球会从腋下掉落，就证明没有收紧腋下。有些运动员收紧腋下的引拍动作是采用比东方式握紧一点的握拍法，收紧腋下干净利落且结实地举拍，然后对着正确的方向挥拍出去。

（2）半西方式及西方式握拍法的引拍

如果你打正手拍采用的是半西方式或西方式握拍法时，就用手肘的前端来引拍。由于是依手肘、手腕、拍头的顺序来引拍，可以更好地使出拍头的离心力。这样不必使出很大的力量，就能够提高球拍的速度，不需使用球，用手肘来抽拍，练习举拍的动作，也是为确认拍头的速度比收紧腋下引拍要快。

3．要善于使用左手

考虑整体姿势的平衡及为了使肩膀用上力，就要善加使用左手。尽管练习者都会使用拿球拍的手，但完全不利用未拿球拍的手，就无法打出稳定的正手拍。反过来说，能够善加使用左手的人，一般正手拍都很稳定。

练习中因考虑到整个身体的平衡，在举拍时，左手（左手持拍者是右手）必须要向侧面展开或伸出向前而肩膀用力。此外，为了取得身体的平衡方法也因人而异，有人用打点作为目标，用左手测量球朝面前飞过来的距离，若测到球大约会飞到这个位置来，就要开始进入准备挥拍了。

善于使用左手，不管对东方式握拍法或半西方式、西方式握拍法都很重要。但是由于开放式站姿需要扭转上半身，所以最好比双脚并排站立的姿势多使用左手并使肩膀用力。左手向身体侧面展开或向身体前方伸出的时间，因各人的节奏而有差异，有左手扶在拍柄相当长时间，然后马上进入挥拍动作的人；也有在举拍前左手就放开球拍伸出身体前面取得平衡者。因此，要善加使用左手，经常让肩膀用力。至于左手伸出向前或展开至身体侧方的时间，就靠自己的经验来判断。

4．保持肩膀的高度

要妥善运用左手让肩膀用力，就要确认两边肩膀是否形成一条直线，这也是为了要保持身体平衡，打出稳定正手的重要因素。如果肩膀未能形成一条线，随后要进入挥拍的动作时，就不能顺利地挥出球拍。不能保持一直线的原因，不是右肩往下垂，就是想击出强打使整个身体用力，致使右肩往上高起，因为自己并不容易发觉这种现象，所以要请球伴看看矫正过来。

5．躯干要直，重心要稳

与两肩保持一条直线一样保持身体笔直，身体笔直才能产生一定的挥拍轨道。身体躯干一摆动，重心就不可能稳定，也就绝对不可能打出稳定的打击。因为身体摆动与挥拍时球拍摆动有连带的关系，身体躯干一摇摆，就会消耗较多的体能，以致担心累积疲劳而不能确实挥拍。练习中要检查腰是否弯下来，举拍时身体是否有向前倾。

6．打击点要准确

对初学者而言，反手拍会比正手拍困难。但是，随着技术层次的增进，打击姿势一固定，反手拍反而会很稳定，但正手拍却因状况差异而变得不稳定，凡是打网球的人都有过这样的经验。因为反手拍都有一定的打击点（削切球另当别论），而正手拍的打击点并不

是固定在一点上。因为可能打击的范围很广，即使打击缓慢一点也能回击到球。若过于提前打击，也可由后续动作来补救。

要打稳定的正手拍，最好要设定打点目标，经常在这一打点打击，用伸在前面的左手臂测量和球的距离是一种方法，但是最好的方法是设定飞过来的球大概到何处就开始挥拍，或在身体的某高度就打击，或适合自己的打击点位置。一般而言，用东方式握拍法时，要在前脚的附近，比腰稍低一点的位置打球。采用半西方式或西方式握拍法，则在身体稍前的附近，同样在腰以下的高度打击。对低球就要向前弯下膝盖打，对高球则要向后退到能用同一打击点打到球。只要固定打击点，你的正手拍一定会相当稳定，请在和球伴对打传球中，找出自己理想的打击点，做到随时都能够挥拍。

迎面飞过来的球不只一种，对各种球都要在固定的打击点击到球，必须在挥拍前做预测。对手打过来的球是低、是高，离身体是远、是近，速度是快、是慢，旋转球或削切球等都要预测准确。在一瞬间把这些信息输进头脑里，至少要早一点开始移动脚法，等到球落地反弹起来，再移动脚步就太迟了。

7. 完整的挥拍

要击出稳定的正手拍，完整的挥拍到最后比较适当，切忌半途而废的挥拍。动作完整的挥拍与在打击时集中注意有关。不完整的挥拍动作，不能使球产生理想的旋转，也不能保证落点的准确率。用东方式握拍法时，后续动作要对着打击方向瞄准斜上方，就是以手掌向前推出球的感觉来完成动作。用半西方式或西方式握拍法时，则要以推出球的感觉在挥拍后如绕过颈部般完成后续动作。

8. 瞄准球飞行中离网的高度

最后要检查克服的关键是球路。这是要依打击种类而有不同瞄准轨道。一般而言，打平击球或平抽球的人，以瞄准离球网 50 ～ 70 厘米的上方打击就可以了。或许有人认为平击球的球路要更低，其实瞄准在球网上方 50 厘米以下，要冒相当大的下网风险。打上旋球就要瞄准离球网上方 70 ～ 100 厘米处。如果想要降低球速，提高球的旋转，就瞄准更上面。高尔夫球要打上果岭也是同样的道理。事先找出目标，总是比较容易打准。

所以，练习中，目标不是要瞄准底线，而是要对着球网上方多少厘米处。把目标放在靠近自己的位置就可以了。因为自己要打的种类和球速早都知道，所以在练习中就要了解打出这样的高度，球能打深到多远。

❖ 正手上旋球

毫无疑问,落地球技术是打网球的基础。运用不同的旋转和速度,你会在球场上充分享受网球奇妙的技术组合。目前较为流行的落地球技术主要有上旋正拍、上旋双手反拍、上旋单手反拍和下旋单手反拍4种。这里介绍上旋正拍。

无论是进攻还是防守,正拍都应当成为你最犀利的武器。现代球拍制造工艺的改良,让大力击球越来越容易实现。塑胶和土地球场是目前较为普遍的场地,它们的表面都比较粗糙,球下落后会获得更多反弹力量,如果在此种场地上打上旋球的话,就要利用上旋球落地后弹跳加剧的特性,给对手接球造成麻烦。但在塑胶和土地球场上的击球点往往会比其他场地要高一些,这样一来就要求你在击球时必须对动作保持良好的控制。

要想在高于臀部的位置打出旋转球来,你首先需要选用一种恰

当的握拍方法。这里我们建议使用半西方式握拍，因为此种握拍方法能使球拍在擦过球上部的一瞬间，产生良好的兜球效果，增强击球者对球路的控制。虽然东方式握拍同样可以打出上旋正拍球，但半西方式握拍却能最大限度地解放手腕和前臂，击球时产生足够大的拍头速度。

紧盯来球，移动到合适位置，做好引拍前的准备动作。侧身、转肩，引拍时让拍头处于较高位置。

拍头较高并不是就要在这一高度击球。球拍在前送的过程中先会下沉，然后在拍头重新上升时兜住球的上部，产生上旋效果。引拍时，拍头之所以要高高扬起，是为挥拍提供充足的空间，进而让拍头在触球时获得更大的加速度来产生旋转。当然，如果你是第一

次尝试去打上旋球的话，最好先不要在引拍时将拍头抬得过高，等到逐渐拿捏好打上旋的手感之后再依照这里的建议也不迟。

要点一：手腕稍有弯曲并保持不动，这样做有助于在身体前方寻找到合适的击球点。

就在拍面触球的时候，击球点是比较高的。请注意在到达击球点附近的时候保持好手腕的弯曲，同时还要保持好自己的开放式站姿。这样的姿势可以容易地运用上臀部的力量，让整个挥拍动作更加迅疾，还方便及时调整重心恢复到准备姿势。

要点二：前臂在击球的时候会有一个 180 度的转动，注意停住手腕，确保前臂旋转产生的加速度能够顺利输送到拍头，增强击球时的上旋效果。

要完成一个流畅的击球动作，送拍后的随挥动作同样重要。手臂类似汽车雨刷器一样挥过身体，动作结束时手肘恰好停在下巴前面。

❖ 正手高位球

打正手高球有相当的难度，下面介绍 5 条改进的方法。

1．选择西方式握拍法

采用半西方或西方式握拍法能让你的手掌在拍柄下方露出更多从而加强手臂的击球力量。这一点很关键，因为手臂力量不强是处理不好高球的主要原因之一。这样的握拍法还能推动手腕的连带动作，即上下运动而非水平方向的甩动，让拍面朝上迎球并向斜下方击球，这样产生的旋转容易让球下降到对方的场内。

2．采用开放式步伐

开放式的步伐可以让身体的非持拍一侧留出更多空间，以便完成击球后的自然随挥动作。同时，你的胯部和下肢也更容易随着击球而转动发力。这就增加了手臂的自由度，使其能在齐肩的高度上控制好球。开放式站位时，以后脚而不是前脚对着来球，使身体更靠近击球点，把重心放在后腿上然后通过后胯产生击球的爆发力。

3. 球拍对准球

要打好高球，必须提前把球拍放在击球点的高度上。也就是说你要向后引拍到头部的高度。如果你准备击球时引拍只到胯部，等球一到，你的前肩会自然地往上带动身体，很可能就会回球出界。

4. 像打招呼一样挥臂

跟别人打招呼的时候，注意你的手腕是向下塌的，这样当你的手和前臂挥动时就会保持掌心朝外、指尖朝上。打正手高球也有同样的动作。让球拍朝侧下方摩擦球，从而回一个旋转的深球到对方场地内。击球时常犯的一个错误是想用手臂和球拍把球包住，希望这样能不把球打出界，而其结果往往是回球下网。

5．亮出拍尾

为了把球回得有深度，完成随挥动作后，球拍应停留在另一侧的肩膀之上并使拍子末端指向对方场地。打完正手高球后拍子向下垂到身体另一侧胯部的位置，这是许多球员容易犯的错误。这会造成因球下落太快而下网或回球过浅。相反，把动作结束在一个高位上，让拍尾指向对手，这样的回球才会有深度而且强劲。

❖ 正手挑高球

当你在打正手上旋挑高球的时候，其实你击球结束时的随挥动作可以有两个选择：一个是在左侧结束（假设你是右手持拍），通常这是一般教练所提倡的；另一个则是在右侧结束，也就是在你的右肩上部或靠近耳朵的地方结束。这第二种打法我们把它叫作正手同侧上旋球。你如果留心一下比赛就能注意到：桑普拉斯、大小威廉姆斯、达文波特等世界高手已经在使用这项技术了，而且它已有了取代传统正手上旋挑高球的趋势。

这项技术经常应用在以下 5 个环节上：在奔跑中大幅度地拉上旋球；回击打到己方底线的速度快、力量大的球；打穿越球；攻击在中场的短球；在中场回击打到脚边的球。其最主要的特点是力量小但旋转强。从生物力学上来说，它基本没有重心转移。击球点可以靠后一点，因为在击球时，重心是在你的后腿上。同时，你在击球时身体的转动有限，因此你不管是在开放式步法还是在关闭式步法的情况下都可以使用，也就是说在任何紧急的情况下你都能使用它。在今天流行大拍面、大力量的时代，它已经越来越成为职业选手们用来防守的必备武器。由于正手同侧上旋球的随挥动作比正常正手击球的随挥动作小，因此它的另一个很显著的优点是回位快。而且因为在打正手同侧上旋球时两手在身体的两边，所以也更容易保持平衡。所以它可以经常应用在以下几种情况下：不用太多的力量和深度；要保持稳定；紧急情况下调整步法；快速回位；争取时间。

对于业余选手来说，这项技术是用来对付击球力量足的对手的最有力武器。同时，当你需要在跑动中打穿越球时也可以考虑使用它，

因为业余选手通常用正规的击球方法打穿越球时容易击球过猛。而且，正手同侧上旋球的强旋转很容易打出角度，同时过网急速下坠也使在网前的对手难以应付。如在澳网中表现神勇的法国小将格罗斯让就是应用这项技术来对付对方进攻的好手；而桑普拉斯早期的“商标动作”之一：正手位攻击短球，然后随球上网也是应用的这项技术。在奔跑中大幅度地拉上旋球，是职业选手在被逼出场外的紧急情况下获得时间回位的手段，它取代了以前常见的防守性挑高球，即使回球质量不是很高也不容易遭受对手高压球的致命打击，同时急速的旋转也能给对方造成一定的麻烦。

同样，这项技术也有它的局限性，在以下这些情况中你最好不要使用：在与善打软球的对手比赛时尽量不要使用，因为它本身并不能打出有力量的球；同时它也仅限于手眼配合较好的选手，技术

不过硬的初、中级业余选手最好不要急着去尝试；在进攻短球时，业余选手也最好别用这种方法去代替切球上网的技术，因为正手同侧上旋球既没有力量也很难打深；最后，在奔跑中大幅度地拉上旋球也不是业余选手容易模仿的，因为你没有足够的奔跑速度去打这个球，同时你对手的高压球技术也不会有职业高手那么强，你完全可以用挑高球来挑战你的对手。

反手击球

❖ 对双反和单反击球的理解

双手握拍一般适用于单臂力量较薄弱，不足以对抗来球者（如女子、儿童）及习惯上或动力定型上不太接受单手握拍者。反手击球若采用单手握拍的话，其对整个身体的力量素质要求就比较高了，可是一旦很好地掌握了反手单手击球的技巧，那么其控球范围大、动作弹性大的特点就很容易显现出来，球员将因此而受益良多。反手采取双手或单手握拍要依自身力量条件及对两种握拍形式的适应程度而定。

单反击球有两种情况：一种是大多数人理解的单反击上旋球，可以采用反手东方式握拍、西方式和半西方式握拍等；另一种是常见的单反击下旋球，俗称反手削球，主要采用大陆式握拍。

单反、双反和练习者性别没太大的关系。单反的确容易得网球肘。同样的力量，用一条胳膊和两条胳膊承受，肯定不一样。毕竟一般练习网球的都不是职业选手，没经过职业化的身体训练。网球肘很多都是动作不正确造成的，初学的时候难免动作不正确。这时候双反由于力量分配在两条胳膊上，问题不大，但是用单反就不一样了。

双反由于动作幅度小一些，比较自然地会用上腰的力量；单反如果开始没有教练指导，很容易用胳膊的力量去打球，受伤也就不奇怪了。

其实，无论是单手反拍也好，双手反拍也好，在击球点、发力和动作结束这三个环节上并没有本质的区别。而且，从学习的角度来看，两者之间也没有巨大差异。对从小就学习网球的人来说，采用单手还是双手反拍，需要考虑的主要是自己的技术风格、习惯的打法类型和未来发展的需要等方面，并没有单双手反拍孰优孰劣、哪个容易导致运动伤害的问题。另外，也不能排除有些人出于对偶像的崇拜心理来选择技术类型。比如，因非常喜欢费德勒，而选择打单手反拍的，也大有人在。

只要能熟练地掌握技术，无论是单手反拍，还是双手反拍，都会发挥出积极作用的。有人说自己能够同时打双反和单反，如果他是名休闲球员的话是完全可能的，反倒是那些职业球员要同时使用

单手和双手反拍就不太现实了。

如果使用的技术动作并不准确，受伤也就是自然而然的事了。有人认为单手反拍需要更多力量，其实是种误解。五六岁的孩子或许无法打单手反拍，但对十一二岁的孩子来说就完全可以胜任了。因此，对成年的休闲人士来说，即便是女士也同样可以完成单手反拍的技术动作。

在网球运动员中，每个人的基本技术并非都是均衡发展的。上网型打法的运动员对网前技术要求更高一些，而底线型打法的运动员则对底线技术要求更高一些。虽然各有侧重，但要打好网球，任何一项基本技术都不可偏废。在网球运动中，无论职业或业余的选手都会以对方反手位为主要攻击方向。一般地说，正手击球强于反手击球。为减少反手击球的被动性，提高反手击球的攻击力度和稳定性，很多选手都选用反手双手握拍击球。从握拍方法来看，反手双手握拍实质上是两个正手拍，它可以像正手击球一样具有强大的

攻击力。

1. 反手双手握拍击球的主要特点

（1）攻击力强

由于反手双手握拍，击球时有另外一只手扶持，可以抵挡住对方凶猛的来球，即使击球点靠后也能靠双手握拍击球弥补单手击球的不足。此外，双手握拍还可以在击球时固定拍面。

（2）隐蔽性好

反手双手握拍击球时，击球点离身体较近，后摆时是背向球网，对手很难判断挥拍动作及击球的角度，从而有较好的隐蔽性。

（3）准确性提高

双手握拍时，容易固定拍形，增强腕部力量，克服了单手握拍击球时手腕不稳的局限，使击球的准确性和攻击力增强，提高主动进攻的意识。

（4）击球力量增大

反手双手握拍动作，向前挥拍与身体重心的移动是同向的，从而能充分利用转体的力量，增大击球力量。而且也有利于克服肘、腕领先的毛病，提高击球的准确性和攻击效果。

（5）增强处理近身球和高球的能力

网球比赛以力量和准确性为本，以刁和巧为辅。球员以底线深球压制对手，调动对手大幅度地跑动，强迫对手退到场外，是击球的有效战术。而快速有力的近身底线深球和高球，往往造成对手还击不利，从而创造得分条件甚至直接得分。双手握拍打反手球，对于还击这种威胁大的底线近身的深球和高球要比单手握拍好得多。由于双手握拍力量集中，手腕固定，可以用抖腕动作还击，这样可以弥补后摆短促和高球不易用力的不足。这是单手握拍无法与之相比的。

2．反手双手握拍击球的不足

（1）扩大了对方的攻击范围

由于用双手握拍挥击，手臂受到身体的限制，影响了另一臂向前的充分伸展，又因击球动作的影响，击球点较近，拍与手随挥走向偏上，因此造成整个前挥的距离短，缩小了击球的控制面，相对扩大了对方的攻击范围。

（2）对脚步移动和判断能力的要求很高，不易掌握

因为击球点较近，所以要求提高应变能力和脚步移动的能力，保证准确到位。因此要求运动员必须加强身体素质的全面训练，特别是心理素质的训练，提高判断和预测的能力，做到起动早、移位迅速。

（3）体力消耗较大

由于双手握拍击球点较近，使自身的控制范围相对缩小，而移动距离相对加大。跑动多了，自然体力消耗大。所以要保证强有力的反手双手击球，具备充足的体力是一个重要条件。

总之，网球基本技术的运用是根据战术打法、对手及自身情况而决定的。基本技术的掌握同样与自身条件有关，有些运动员由于身材、力量并不具备优势，而速度快、灵活性好，使用反手双手握拍击球更能发挥他的潜能。身高力大的选手较适合于用单手反拍。单手反拍和双手反拍不能说哪种更好，哪种不好，其实这两种方法各有长处，只能说哪种技术更适合于你自己使用。一般地说，反手双手握拍击球可以弥补击球力量和稳定性的不足，使击球更具有攻击性。不论是双手反拍，还是单手反拍，反手位都将是被攻击的目标。所以提高反手技术水平，加强稳定性是非常重要的。

❖ 双手反手击球哪个手占主导

无论怎样圈定两只手臂在击球中的分工，我们都必须承认一个前提：双手反拍需要你用双手共同用力去击球。首先，你的右手应当采用介于东方式反拍与大陆式之间的握法，而左手则采用东方式正拍握法。然后，你不妨先用右手打几下单手反拍，再用左手打几下正拍，让它们分别体验一下单独击球时的感觉。最后，将双手合在一起挥拍，让它们承担平等的击球任务。如果出现击球点过早或者过晚的问题，那就要用左手加以调节了。

❖ 如何打好单手反拍上旋球

单手反拍的击球轨迹和双手反拍类似，也是自下而上，不过要由一只手臂来完成。打单手反拍，对节奏和脚下站位的要求会更高。要想产生足够的拍头速度击出上旋效果，还要更多地仰仗手腕和前臂的发力。因此，对大多数初学者来说，掌握起来并不容易。然而，在对付弹跳并不高的来球时，单手反拍却能释放出更大的力量和上旋效果。

单手反拍的准备姿势同样从转肩开始，但引拍动作要更早一些。单手反拍可以分别打出下旋切球和上旋球，区别就在握法上。用东方式反拍握法，让拍面略微向上打开，便于完成切球动作；用超西方握法，让拍面与地面垂直（不同于大陆式握法），就能打出强烈的反拍上旋抽球。大多数人并不习惯用超西方握拍打正拍，但却不妨碍用它来打反拍球。开始转肩的时候，让非持拍手臂扶在拍颈上，帮你更灵活地转换握法，让手腕在后面自上而下的挥拍过程中感到稳固、舒服。

请注意拍头在击球前已经降到最低点，球员的膝盖也相应弯曲，重心下降。为了产生足够的力量，运动员应将身体的重量由后向前传送，因为单手反拍击球所需的力量大多是来自肩膀的。

触球的一瞬间，身体的力量已经从脚下经过臀部传送到了肩膀上，并在身体前方腰部高度的击球点上被释放出来。触球后，肩膀的转动即告结束。随后的挥拍动作由持拍手臂的伸展来完成，但肘部仍需保持一定的弯曲度。人们在打单手反拍时最容易犯的错误就是击球后继续转动肩膀，而不是让手臂伸展。多余的转肩动作会大大减少球拍停留在击球点上的时间，从而频繁导致失误。

单手反拍的随挥动作和双手反拍有很大差别。持拍手臂在击球后继续向上向前伸展，但击球者的前胸却不必完全扭转过来，依然朝向侧面即可。

动作要领：

1. 要想让单手反拍发挥出足够的威力，就要找到最合适的击球点，并让引拍动作划过足够低的轨迹；

2. 在任何情况下都必须保证击球前拍头高度要低于击球点；

3. 单手反拍的引拍动作用的时间比任何底线击球技术都要多，

降低引拍的高度是节省时间的好方法；

4. 非持拍手在引拍时应当放在拍颈部位，帮助持拍手臂保持稳定和平衡，直到开始向前送拍，单凭一只手臂就能完成先向后再向前的整个挥拍动作是十分痛苦的。

❖ 怎样打好单反下旋球

单手反拍下旋球，也就是人们通常说的单手反拍切球。它应用普遍，且便于掌握。虽然这种技术经常用于防守，但若是能控制好力度，充分发挥下旋的功效，也同样可以给对手造成麻烦或直接得分。

下旋球反弹后的飞行弧度很特别：切出弧度较平的下旋球，反弹的高度也会很低；切出弧度较高的下旋球，球在落地之前会丧失很多旋转，变为“飘球”，反弹后的方向极不稳定，放网前小球多使用下旋球就是为了增加对手判断球反弹后落点的难度。

反拍切球的挥拍动作较为特别。为了让拍面自上而下地擦过球的表面，挥拍的轨迹也相应变为自上而下，拍面在击球的瞬间还要稍稍打开，击球点往往低于腰部高度。

反拍切球的准备姿势和反拍抽球的准备姿势类似，都要先从转动肩膀开始。引拍时，由非持拍手辅助握住拍颈部位，帮助固定球拍。持拍手臂在靠近击球点的时候首先要调整为大陆式握法，并让手臂保持一定的弯曲，让拍面略微向上打开。

注意观察这些连贯动作：反拍切球的引拍较短，拍面略高于击球点，肩膀扭转得并不剧烈。因为下旋球本身产生的动力会帮助它获得继续向前飞行的动力，因此控制落点深浅的关键就是切球时用多大的力和能产生多大的下旋了。另外，整个挥拍动作中还要注意向前垫步，以便将身体的重量移到击球点上。

反拍切球的击球点也是处于身体的侧面，但不像反拍抽球那样靠前，触球短促有力。

拍面擦过球的底部之后，还会继续有一个拖曳过程，以便让弦床拨出足够的下旋。离开击球点之后，身体向前送出球拍，继续沿着球飞行的轨迹随挥。整个击球动作结束，肩膀就可以完全打开了。

单手反拍切球最常见的问题就是错过时机，让球拍在低于击球点的高度切球。此时，要想保证拍面在击球点自上而下地擦过球的表面，就要及时调整好握拍方式。在向前挥拍之前，利用非持拍手握在拍颈部位，辅助持拍手调整好握拍是个简单有效的方法。

❖ 反手击球步伐

如果你使用双手反拍，建议你采用较为开放的站姿。因为双手反拍的挥拍主要依靠你的非持拍手臂（如果你是右手持拍，非持拍手就是你的左手），而且握法也和你持拍手的正手一样是西方式。人们在打正拍球的时候最先使用的是关闭式站姿，而双手反拍在准备充分的时候也是使用关闭式站姿的。关闭式站姿能够为身体躯干提供最充分的扭转空间，让挥拍的发力更充分。但和正拍一样，关闭式站姿在准备时间并不充裕的时候就会暴露出占用过多时间，导致动作仓促的弱点，降低回球的质量。在打穿越球的时候，我们必须在对手的压迫之下击球，因此尽可能节省时间、简化击球动作就成为能否打出高质量穿越球的关键。采用半开放式站姿或者完全开放式站姿，双肩几乎与球网平行，在身体前方挥拍，就是简化挥拍较

为直接的方法。当然，对休闲球员来说，能在开放式站姿中打好反拍球，还需要多加练习。

如果你是用单手反拍的，建议采用标准的东方式反拍握法。虽然东方式反拍和大陆式两种握拍法都适用于单手反拍，但却并非全部适于打穿越球。大陆式握拍，能使拍面在击球时略微向上打开，自上而下切过球的表面，产生下旋效果。东方式握拍，要求你在握住球拍时让拍面垂直地面，食指的指根关节冲向天空，这样的握法会让球拍自下而上擦过球体的表面，打出速度较快的上旋球。另外，打单手反拍抽球时，应当侧身面对来球，让击球区落在支撑腿的前方，而不要打开肩膀正面对着来球。

在准备时间充分的时候，一般采用关闭式站姿打双手反拍，为挥拍提供更为充分的运动轨迹；在受到逼迫的情况下打双手反拍穿越球的时候，一般采用开放式站姿，简化挥拍动作，为自己争取更多的时间。

发球

网球中的发球技术是各项技术中唯一能够自己控制的动作，按运动心理学的技能分类，发球应该算是封闭式动作技能，即不受对方太多影响的一项技术。随着网球技术的日益发展，发球成了运动员提高技术水平的标志技术。相对于底线击落地球和凌空截击而言，发球是一项比较难掌握的技术，因为发球时动员的身体部位较多，动作幅度较大，需要肌肉的协调程度较高。发球也成了运动员取胜的关键因素之一。因此发球被称为是网球技术中的第一技术。

❖ 发球的技术环节

发球有四大要素，它们分别是：平衡、节奏、抛球和清晰的意图。如果你在某一环节产生失误,都会导致一连串的技术错误。相反，四个要素中任何一个环节的提高，也都会改善你发球中整体动作的连贯性和发球的威力。通常发球包含如下几个重要环节。

1．握拍

东方式反手或大陆式握拍。许多网球初学者都喜欢用东方式正手握拍进行发球，如果采用此种握拍在右区而且是用正常动作发球的话，球出手后十有八九会偏向外角一侧，因为手腕在自然情况下所形成的拍面就是如此的角度，若想使拍面偏向内角则必须向内转手腕，而经常做此动作不仅相当别扭而且易使手腕受到损伤，所以在可能的情况下最好不要用东方式正手握拍进行发球。

2. 准备动作

双脚自然分开站立：两脚的连线根据球员不同的习惯可与底线相垂直，也可以保持另外一个合适的角度；身体自然前倾；最好只持一个球，球自然握在持球手拇指、食指及中指三指上，无名指和小指自然屈于球的后部，切忌用力将球握在手里或捏在手里。许多初学者喜欢拿起球和球拍，走到发球位置后立即就开始抛球并挥拍击球，仿佛球和拍是不相关的两样东西，这显然是很草率的。发球之前的准备动作，球拍和球最好能靠在一起。可以将拍搁在球上或将拍面靠着球。

3. 抛球

准备动作稳定下来以后，顺势就是抛球及挥拍击球了。

（1）抛球的方法

在准备动作的基础上，持球手的肘部渐渐伸直并向下靠近持球手同侧的大腿，然后从腿侧自下而上将球抛起。在整个动作过程中，手臂保持伸直的状态，其走势与地面垂直，掌心向上，以拇指、食指、中指三指将球平稳托起，尽量避免勾指、甩手腕等多余的手部小动作，以免影响球的平稳走势，球在空中的旋转越少越好。球脱手的最佳点在手掌走势的最高点，脱手过早容易造成球在空中旋转或晃

动，出手过晚则会令球“走”向脑后失去控制。脱手时托球的三手指已最大限度地展开，球不是被“扔”到空中而是被“抛送”到空中去的，初学者应对此多做体验。

（2）球脱手后在空中的位置

一般来说，第一发球强调出球的速度与攻击力，击球点较靠前，因此球也抛得较靠前。第二发球较为保守，在保证成功率的前提下强调球的旋转和控制球的落点，击球点也就相应后移，因此球自然要抛得靠后一些，基本上与背弓时身体的纵轴线相一致。抛球的位置也可参照球落地后相对于前脚的位置来确定。一般来说，第一发球抛球后球应落于前脚前一个拍头的位置上。

（3）抛球的高度

球抛到空中的高度当然不能低于击球点的高度，但究竟多高才合适要视个人情况而定，因为此高度限定了挥拍击球所用的时间。从准备姿势到抛球出手，身体重心还有个后靠至后脚再前移至前脚的过程，同时髋部前顶、腰背呈“背弓”状，然后反弹背弓并发力挥拍击球。

4. 挥拍击球

抛球与挥拍击球是同时开始进行的。挥拍击球的环节包括：

（1）后摆球拍

以准备姿势为基础向持拍手一侧转身，同时持拍手引导球拍贴近身体像钟摆一样将球拍摆至体后。一发抛球，球的位置较靠前。二发抛球，球的位置较靠后。

（2）背弓动作

球拍后摆至一定高度后，以肘为轴，小臂、手、拍头依次向体后、背部下吊，同时屈双膝并伴随身体后展呈“弓”状。

（3）击球

在屈膝、背弓动作的基础上自下而上依次蹬直踝部、膝部，反弹背弓并向出球方转体，与此同时仍以肘为轴带动手、拍头摆向击球点，最后在力的爆发点上击中抛送于空中的球。发力是自下而上

一气呵成的，其间的快慢由个人掌握，习惯、素质不同速度也就不一样，但共同的一点是：球拍走势最快、最具爆发力的一点应在到达击球点的那一瞬间。到达击球点时身体已全部面向出球方，拍面自然地稍向内侧以便击于球的侧后部，发出侧上旋球或侧旋球。

（4）搔背动作

挥拍击球时肘部有一个引导小臂、球拍下吊至背后再以肘部为轴带动臂、拍摆向击球点的过程。这一过程好像在用拍头给后背搔痒，故被称为“搔背动作”，其目的是持拍手能有一个获得足够的摆动速度的过程，为到达击球点的一瞬间力的爆发做充分的准备。

（5）击球点的位置

球员手持球拍在空中所能争取到的最高一点就是击球点。屈膝、弓背积蓄力量及蹬地、发力是一个比较理想化的说法，因为根据第一发球和第二发球的不同需要，击球点是相应要有前后变动的，但“力争高点”却是在选择击球点时最基本的原则。

5. 随挥

击中球时虽然挥拍击球动作已告完成，但整个发球过程却仍在继续。到达击球点后球员应顺着身体及挥拍的惯性做收腹、转肩和收拍的动作，最终拍子由大臂带动收向持拍手的异侧体侧，结束发

球动作。这一过程被称为随挥，即随球挥动，与底线击球的随挥异曲同工。

归纳起来，可以将四个环节理解为五个步骤：预备姿势，引拍抛球，下蹲转体、蹬转体，挥拍鞭打击球，随挥。其中第三、四个步骤实质上是第三个击球环节。

❖ 发球的练习方法

对于一般网球爱好者来说，发球是一项特别重要的技术，总想尽量提高发球的准确性和成功率，却又感觉太难，无从下手，因为发球技术的落后，直接影响了他们对比赛的参与和体验，致使他们无法领略到网球比赛的无穷乐趣。建议采用下面的方式进行练习。

在发球线后蹲下，左手抛球，右手持拍由下而上挥动，将球击打到对方发球区内；待基本掌握后，由发球线向后移动 2 米，再继续练习蹲下发球；最后移至底线后，练习蹲下发球。这种方法简单易学，便于初学者在击球过程中着重体会向上——向前——向下挥拍的感觉。

找一个小凳，分别放置在发球线后、中场和底线后，练习坐着发球。体会稳定重心后的手臂、手腕击球动作。

在发球线后站立，练习向对方发球区发球。主要体会向下挥拍击球的感觉；练习至熟练后，向后移动 2 ～ 3 米，继续练习，体会向前——向下挥拍的感觉；最后移至底线处练习发球，体会向上——向前——向下挥拍的感觉。

在握球墙上画一条与网齐高的线，并标出中心拉带线，在中心拉带线两侧间隔 2 米处的横线上方各画一条竖线；然后距墙 6 米左右，对墙练习发球，并分别发向每侧的两个目标区。随着技术的提高，发球位置可逐渐后移，最后移至距墙 10 米左右，同网球场上的实战发球相似。

当基本掌握发球技术以后，为提高发球的准确性和成功率，还需要再选择一些方法不断地练习和提高。

多准备一些球，在对方的发球区内设定三个目标，分别放在内角、中间、外角，可以选用圆桶或垫子等作为目标，进行发球练习时，将球发向目标；也可以先制订以发中目标几次为计划，不断轮换左右区，不断增加发中次数。

在球网上放置 6 个小标志物，把左右半场分成 a，b，c 三个区段，练习发球时，让球分别从每个区段通过，并落在发球区内。计划好每个区段的有效发球次数，完成计划后，轮换到另一半场区段练习。

在两侧网球柱上各竖起一根小棍，用绳子拉起高出球网 0.5 米左右，找一些羽毛球网挂在上面，练习越过羽毛球网的发球。

❖ 发球疑难问题的解决

1．发球时为什么抛球不准

发球时，球抛不准是初学者最常见的问题。球抛不准就影响挥拍动作的连贯性，影响发球的力量和准确性。球抛不准最常见的错误或原因有以下三种：

（1）手执球的手法不恰当

不少初学者，手执球的手法是，手掌上翻，掌面向上，拇指和四个手指同时握球，将球上抛。此手法在手臂向上举，将要抛球时，

容易造成四个手指以及手腕轻微地钩的动作。在这里对此种握法只认为不恰当，因为有些运动员经过反复练习，也可以抛得相对准确，但对初学者就有难度。建议改变一下手握球的方式，不妨一试。可以采取手掌直立，掌心侧向，拇指与食指握住球的两侧，中指托住球的底部，手臂上举抛球。在临近出手之际，手腕向上挺起，而不要勾手腕。此种抛球因受人体关节的限制，不易产生多余的动作，对球上抛影响较小。

（2）向上抛球的定义不是很准确，应是向上送球为宜

不少初学者在向上抛球时，一般都采取前臂用力向上抛球，出

球后手的高度是手臂停留于肩部左右的位置，出球后手与上抛的高点距离较长，球在空中距离越长，出现偏差越大。为什么说是向上送球更为恰当呢？辅助手在挥拍手向后拉拍的同时，手臂上举，以肩为支点，当手臂上举伸直时，球出手，利用手臂上举的惯性，轻轻将球送上去，这样球上升后的高度偏差不会太大。在后拉拍转体时，因为抛球手也开始上举，抛球手臂容易随同转体向右转动，使抛球手臂在球出手时处于转体后的身前，而不是在体侧。这也是初学者容易出现的错误，使球送上去出现误差。这是发球技术掌握的一个难点，可以在反复练习转体的同时，两手各自向相反的方向举起，通过这种方式，逐步体会和掌握。

球抛不准，必须通过单独反复练习，才能得到提高。练习方法可以按发球的准备姿势站定，在头的上方选择一个合适的高度，设个目标，如头上方的某一树叶、树枝等物，反复将球按照动作要领，向上送出，还可以沿着护网或墙壁练习抛球动作。反复练习，提高手上感觉，经过一段时间，必然会取得一定进步。然后再进一步，在做抛球的同时，加进转体后拉拍的协同动作，这样就能逐渐克服抛球不准的毛病，使发球技术得到提高。

2．发球时头向哪里看

头向上看。如果你的发球缺乏连贯性，可能是你在尚未击到球时头就先低下了。低头有两个坏处：首先，你很难用球拍的甜区击到球；其次，当你应该向上挥拍时，头却向下看，发球的线路就不容易控制。因此，发球时把头抬起来，让你在击球后能看到一片蓝天（或是室内场的天花板）。这能保证你在击球的过程中一直盯球，并且将球干净利落地击过网。同时还能促进你的身体向上延伸，这样，你就会更容易发出好球。

3．如何保持身体平衡

有许多练习方法能帮你改善平衡，但最好的往往是最简单的，而且不受时空限制。这里介绍的方法是闭眼单脚站立。首先，注意你的脚踝，看它是如何保持身体稳定的。多数人在开始的时候都站不稳，不过别忙，通过练习，你的平衡性很快就可以提高。连续发几次球，但别在乎是否全发在了界内，在发球结束后，尽可能保持那个结束动作。几次发球后，把你的平衡情况从 1 ～ 10 分级，10 是最好的平衡系数。尝试用不同的姿势发球，通过记录结果比较各种姿势的效果。通常，这种训练方法会帮助你提高发球瞬间的平衡感，从而提高发球的质量。

双脚基本与肩同宽，使身体获得稳定的基础，这是产生良好平衡的开端。接下来，适当地转动上身，使发球的其他环节（诸如抛球和挥拍）能更有效地完成。如果在抛球的过程中移动脚步，就会打破平衡，这会导致发球的其他环节不能顺利完成，发球的线路也不稳定。

4．如何保持良好的发球节奏

节奏是发球动作各个环节能够统一流畅完成的保障。如果发球动作是脱节、机械的，身体的动力就会中断，动作也缺乏节奏感和连贯性。当然，确切描述什么是节奏确实很难，但优秀球员是可以感觉到的。另外，你也可以在发球时尝试找到最适合自己的节奏，作为发球动作的参考。当发球动作开始时喊“1”，抛球时喊“2”，拍子触球时喊“3”。这些数字并没有什么实际意义，它们只是代表了动作应有的时间点。反复几次练习后，你的节奏就会有所改善了。

5．如何培养明确的意图

发球中最重要的主观因素就是，在头脑中有一个明确的意图——你究竟希望如何击球：平击、削球还是大力击球？还有就是，你希望球的落点是哪里。我们常犯的错误是，还没向场地里看一眼就走到发球线前发球了。另外，有的人还会过分关注一些特别的技术暗示，比如“猛转你的手腕”或“随挥”，但这些恰恰都是发球之后才需要注意的。了解自己的意图能够使注意力集中，并且可以使你的动作更到位。

不要在发球时叮嘱自己“随挥”，而是要在头脑中清楚地意识到挥拍应该在什么时候结束。你可以在没有球的情况下练习挥拍，这样就可以找到击球动作结束的那一点。比起盲目地练习打多球，这种方法的周期更短。

练习中把两个网球筒分开两到三步的距离放在发球区，并在它

们之间假设发球的落点。尽管较大的落点区域会造成发球误差的增大，但这仍然留出了一个你希望发进的区域。在你成功将球发到这个区域几次后，就可以通过逐渐缩小球筒间的距离来提高发球的精确性了。

6．如何才能发好平击

美国网坛名宿、20 世纪 70 年代温网男单冠军斯丹·史密斯曾对何为有效的发球提出过四个方面的要求：站位、旋转、速度和对上述三要素的变化运用。事实上，发球动作的每个环节彼此之间都会相互影响。比如，如果你想通过增加引拍的幅度来提升发球速度的话，就需要将球抛得略高一些。挥拍经过的轨迹加大了，球拍来到击球点所需的时间也就增加了，如果不把球抛得更高些的话，拍面很可能会错过最佳击球点。总之，发球是一项复杂的系统工作，一般来说分为两个阶段：第一阶段，站位、握拍和抛球；第二阶段，挥拍击球。

如果选用了不恰当的握拍方式，不仅无助于保障发球的质量，甚至还会成为你进步道路上的障碍。大陆式握法，也就是“大榔头”握法，是被普遍接受的最适合发球的握拍法，但许多休闲球员却在用东方式正拍握法发球。东方式正拍最大的问题就是强迫球员过多依靠手臂的动作来完成发球，虽然对方向的控制效果还不错，但却不利于获取身体的力量来加速和打出旋转。有效发球所需的击球力量，是要经过身体链条的顺畅协作释放出来的，没有运用到整个身体的动作是不行的。

（1）引拍

站位的好与坏，主要看你是否能让身体得到充分的转动。至于你将两脚怎样摆放，可以视个人习惯而定，只要能让身体感觉足够放松，达成良好平衡就可以了。做动作前的拍球和深呼吸，对放松

和集中注意力很有帮助。

抛球刚开始的时候，两只手臂是一起运动的，手掌向上握球。为了简化抛球和引拍动作，我们建议让两支手臂同上同下运动。在这一环节上，存在两种不同的理论：一是严格的同上同下，即当抛球手臂伸直向上的时候，持拍手臂也伸直向上，拍头指向天空；二是放慢持拍手臂，在抛球手臂伸直向上后，持拍手臂的伸展动作适当放慢，拍头瞬间仍然冲向地面。传统的同上同下方式，对休闲球员来说是较为容易掌握的。放慢持拍手臂的方式，近年来也被许多顶级职业球员所采用，目的是加速拍头获得更大的距离，让击球的力量更大，但对击球节奏的要求较为精确，对球员自身运动天赋的依赖也较多，因此学习的难度不小。

（2）抛球

发平击球的时候，球抛得要略高些，好让身体力量的输送获得更充分的时间,让手臂在充分伸展的时候达到最佳击球点。一般来说，我们最好在球从最高点下落的过程中打到球。另外，平击发球的抛球位置要略远离身体一些，以便调动身体重量向前输送，有利于拍面在击球点完成猛击的动作。如果你只做抛球动作的话，球应当落在底线以内。发球过深（出界）或者弧度过高往往就是抛球没有充分前送的结果。

练习抛球：抛出球后，让它自由落地，看看落点。好的抛球应当落在最外面的脚之前 30 ～ 60 厘米的位置上，而那只脚一般都要靠近底线放置。

当球抛离手掌的同时，膝盖开始弯曲，抛球手臂继续向上伸展，直到完全打直。持拍手臂的肘部保持弯曲，球拍置于头后，大臂与身体尽可能保持垂直。你还需要弯曲后背，扭转上体，这样做不仅

能为后面肩膀的转动提供方便，还是挥拍力量的主要来源。

当球抛至最高点开始下落的时候，身体开始从前面的扭转中打开。左臂已经放下，肩膀完全打开，为持拍一侧的肩膀提供了最大的扭转空间。通常，为了不阻碍挥拍动作，有效加速拍头，右肩向前的转动会略慢于左肩。

接下来，该轮到手臂和手腕的运动了。在力量向拍头输送的过程中，良好的控制至关重要。手腕的运动成为整个力量输送的最后环节，也是控制拍头的最后一道关口。如果动作足够流畅的话，应该像是用鞭子在抽打击球点。

（3）击球

当球拍开始进入击球区的时候，我们最早提到的大陆式握拍将派上用场。因为当手肘充分伸展开之后，手腕会自然沿关节转动。大陆式握拍在手腕的这种扭转下，将产生出一个自然的平击动作。击球瞬间，拍面在球后方完全打开，几乎是垂直地完成触球的。当然，这种纯粹的拍击式触球，产生的旋转是不明显的。

球员在结束发球动作后，左腿率先着地。这是腿部力量被充分使用、身体前冲力量大的结果，因此目前已经为越来越多的职业球员所采用。擅长底线的职业球员可以凭借这种落脚方式，减少腿部交叉带来的延误，更及时地在发球后完成站位调整。但我认为休闲球员还是应该先实现发球动作中身体的充分转动，因此最好是使用传统的方式，发球后，让持拍一侧的脚率先落地，跨入场内。

7. 如何提高发球的旋转

练习中经常往前而不是往上，这是上旋发球中最常见的问题，症结就在于你如何习惯加速球拍向上击球，而不再是向前击球。

改进的方法是：你发球时站位退到底线以外 10 ～ 15 英尺。因为距离底线这么远，你除了尽力让球飞过球网之外已别无选择了。当你开始找到感觉之后，能够在这个位置发出上旋球之后，就可以向底线移动 1 英尺了，就此逐渐回到底线附近正常的发球位置上。另外，握拍时略微向反拍握法偏一点儿，能更容易让球拍更明显地擦过球身，产生出旋转。

8. 如何提高发球综合能力

发球时，对球施加越多的旋转，就越容易控球，而且稳定性也会越高。休闲球员经常有一个错误的想法，那就是第一发球应该要强而平，第二发球应该要施加旋转。事实上，所有的发球都应该施加旋转。不用说，第二发球使用强劲的平球是不明智的。一则棒球的格言说：投手应该投一些慢球才能够让他的快球显得更快。这样的格言也适用于网球。结合速度与旋转将让你的发球局更有效率。为让你的发球得到更多的旋转与动力，以下是 6 个你可以尝试的方法。

（1）加快拍头速度

职业球员发平球的力道反而稍稍有减弱，以维持一定的控制与准确性。但发旋球时，不论是侧旋或是上旋（往前旋转），世界上最佳的球员都倾全力地去打。由于带有旋转的发球比平击的发球具有更大的过网空间，所以它的安全也高了很多。此外，旋转也给你更大的方向控制。总之，旋转增加了错误的容许空间。但休闲球员在发侧旋或上旋球时几乎都把他们的拍头速度放慢下来。事实上，他们应该刚好相反：你的拍头速度越快，能够对球施加的旋转就越多，发球的控制性也就越好。因此你应该追求最大的拍头速度。

（2）刷球

当你发球时，你的球拍是否会发出嗖嗖的声响？如果是的话，那就表示你有足够的拍头速度可以发上旋球。发上旋球的关键在于由球背往上打。以下的练习可以让你在发上旋球时感到更为自在：主力膝跪地并打几个发球。从这个单膝跪地的姿势，你的击球点高度只不过比球网高几厘米而已。如果你平直打的话，球将挂网。你一定要往上打，给球一些提升，球才能够过网。把球想成一个钟面，如果你是右手持拍者，你要从 7 点的位置刷向 1 点的位置。左手持拍者应该从 5 点的位置刷向 11 点的位置。如此的发球将没有巨大的劲道，所以不要担心速度的问题。从一脚跪地的姿势打约 10 球，然后站起来并以相同的动作发球，这时过网应该不再是个问题，而这样的旋转会让你的发球在落地之后弹高。

（3）克服握拍恐惧症

发球的握拍方式对于你能赋予球多少旋转有很大的影响。初学者以及没有经验的球员几乎都觉得以打正拍的握法来发球比较自在，因为它加大了拍面的击球面积。但有经验的球员知道，这样的握拍是无法得到旋转的。为让你的发球更具有动力，要使用大陆式或东方式反手握拍。虽然这两种握拍都让你感觉像是要以拍框击球一样，但它们才是正确的握法。做大陆式握拍时，拍面与地面垂直，右手持拍者必须把食指的底关节置于握把的右斜面，左手持拍者则必须把左食指的底关节置于握把的左斜面。然而，如果你一直使用大陆式握拍，但想要更多旋转的话，你应该把你的食指底关节滑向握把的正上平面，也就是把大陆式握拍转向东方式反手握拍（注意：每根手指之间要保持一点空隙并避免握拳）。

（4）调整你的抛球

抛球位置的明显改变有可能被眼尖的对手察觉出来，但抛球位置的改变却可以让你更容易得到更多的旋转。举例而言，把球抛向较靠主力侧并离开身体的位置，将使你更容易横向地挥过球背并产生额外的侧旋。要记得：不要绕着球的外侧做切菜的动作，而是要横向地刷过球背。把球抛向非主力侧或抛向头上，会使你更容易打出上旋发球。你的身体将位于球的底下，使你能够直接从球的底部往上刷。

（5）发侧旋球，要保持手部外转

要发出侧旋球，大部分的人认为他们必须把他们的手与手臂向内转，这是错的。当你要以球拍的网线绕着球的外侧切的时候，球早就飞出去了。反之，你要侧向地刷过球背并持续手与手臂的外转。当你打到侧旋的发球时，你要如何确定你的手与手臂是向外转的呢？当你送拍时，如果你的拇指朝下的话，你的手与手臂就是向外转。如果你的拇指朝上的话，你的手与手臂就是向内转，你就打不出你所要的旋转。

（6）放松

场上的职业选手看起来好像绷紧了他们的手臂肌肉，但他们真正所做的却是保持手臂的放松，如此他们才可能在发球之中达成鞭打的动作。反之，休闲球员则倾向于把球拍握得太紧，绷紧他们的手、手腕和前臂的肌肉。结果，他们失去了转动手腕的能力，而手腕的转动是产生拍头速度与获得旋转的关键。

9．怎样应付炮弹式的发球

随着新式球拍性能的加强和球手们对网球发球技术的重视，业余选手也越来越多地面临应付炮弹式发球的问题。那么应该怎么把这些疾如炮弹的发球接回去呢？我们首先应该探讨一下产生炮弹式发球的原因。

一个好的发球一定有这三个因素：节奏、放松和高度的注意力集中。也就是说，好的发球是在发球手处于最佳节奏、人非常放松和注意力高度集中的情况下才能发得出来。如果有一天，你的对手在你最想赢球的时候，突然有如神助，发 ACE 球如葡萄串，你也不应该听天由命，试试下面的招术。

第一招：挡。好多业余选手接发球接不好的主要原因是引拍过大。

因为炮弹式发球就是速度快，根本没有时间像在底线击球一样先向后引拍再向前挥拍。正确的方法是想象自己是堵墙，夹紧腋部，握紧球拍，蹲低身体，对准来球，向前一挡。

第二招：别怕。根据观察，好多选手接不好发球是因为内心的恐惧。如果你都不相信自己能把这么快的球回过去，那你怎么能接好发球呢？所以别怕，别被它吓着，把接炮弹式发球当成挑战，先看清楚来球，再挡，慢慢你就发现这并不难。

第三招：向后挪。在快如炮弹的球向你飞来的情况下，你完全有可能让它在飞到你的面前的时候速度更慢，所以你可以往后站，像库尔腾那样。人可先试着向后站 1 米，不行就 2 ～ 3 米。

科学研究表明，球在接触场地之后速度会大大地减慢，距离越长当然就越明显。这招主要用来对付没有角度的平击球。

第四招：往前站些。对于角度大的球，你完全可以向前站，在球向外旋转之前，把球切过去或挡过去，这是大部分职业选手常用的招数。正确的方法是斜向 45 度迎击球，当然这需要一定的练习才能运用自如，这招主要用于对付角度大的旋转发球。

第五招：抓拍柄中间。对于力量小的球手，在碰到大力发球时，拍面经常会被大力震歪。在这种情况下，抓拍柄中间可以使你更好地控制拍面，从而把球挡过球网。

第六招：让他惦记着你。这一招更多的作用应该是心理上的，怎么让他惦记着你呢？一般选手在准备抛球的时候，会看一下你站的位置，如果在这时，你左右的移动明显在干扰对方的发球，是不允许的；但如果在他抛球后，也就是说在他眼睛向上看球时，你移动到新的位置是允许的。所以，如果你应付不了对方发到你反手位的球，你可以站到反手位，那时也许他会想偷袭你的正手位，这时

你就可以在他向上抛球时，往你的正手位移一点。这样当他发现你并没有像他想象的那样站在反手位时，他在下一次发球时就会想，你到底是站在正手位还是反手位呢？他就开始惦记你了。同样，你在向前站或向后站的时候，也可以如法炮制，让他搞不清你到底站在什么位置。知道这招最大的好处是什么吗？你分散了他的注意力（炮弹式发球必备条件之一）。

通常，业余水平的对手发出炮弹式发球只是偶然，特别当你能把他的绝招化解掉后，他的斗志必定会受到影响。

接发球

现代网球中的发球已经无可非议地成了运动员比赛取胜的关键和制胜武器。面对对手强大的发球，采取“以其人之道还治其人之身”的接发球技术，成了运动员破发的主要技术。

❖ 结合发球进行接发球训练

1. 接发球训练

目的：巩固接发回击直线球的能力。

练习：

（1）两个发球者同时发球，站在中线。

（2）每个接发者回直线球。

（3）每次击完之后交换方位。

（4）每发 10 次后交换发球与接发球。

2. 单打接发球控制

目的：巩固底线接发球落点的能力。

练习：

（1）二人同时发球对二人接发。

（2）接发斜线球并争取 10 球的来回。

（3）两边一定次数后轮换。

3．快速接发球练习

目的：加强处理快又重的发球时快速的反应能力。

练习：

（1）二人同时站在中线发球。

（2）接发者回直线，接发的位置站在发球线后面。

（3）10 次发球后交换方位。

4．发球和接发挑高球练习

目的：训练发各种角度的球，防守对方的挑高接发，加强双打中交叉掩护的能力。

练习：

（1）发球者发给教练反手球。

（2）教练挑高球接发过网前的球。

（3）发球者去处理高球，网前者迅速换位。

（4）发球者回直线，教练挑中路。

（5）网前者抢网结束战斗。

❖ 加速接发球的引拍

你是不是在接对手第一发球的时候感觉反应不过来，挥拍总是很慢？原因很简单，在球离开对手球拍的时候，不是你还没迅速做出转肩引拍动作，就是引拍的幅度过大了。这些都会让你错过最佳的击球点，导致接发球不稳定，让自己从最开始就处于被动。

加速挥拍速度的最好方法就是将你的转肩和引拍动作合二为一，你可以尝试下面的练习：做好准备击球的站姿，让同伴向你的正拍发球，但要故意将球打下网。因为事先知道了来球的方向，你可以省去判断的时间，争取在球击中球网的同时完成向后引拍的准

备动作。经过多次训练之后，挥拍动作就可以定型了。然后，让同伴将球分别发向你的正拍和反拍，还是要故意下网。你仍然是练习在球击中球网的同时，完成球拍的后引拍动作。同样是通过多次练习来实现动作定型。最后，当同伴将球真的发过网来时，你将发现自己无论是在正手位接球还是在反手位接球，反应的速度已经明显加快了。

❖ 接发球的预判

在接发球方面，阿加西或小威廉姆斯当是典型。他们在接发球时表演的那种迅雷不及掩耳的一击，往往让对手在自己的发球局里一开始就处于被动。我们在叹服他们出众天赋的时候，不应该忽视其中的技巧。你同样也可以上演接发球抢攻的好戏。高水平的球员接发球的反应时机往往很早，他们不是在对手发完球之后才判断落点，而是在发球之前就已经准备扑向那个方向了。他们清楚地知道若是等球发到自己球场之后再做判断，就为时已晚，不仅无法抓住打制胜球的机会，更有可能直接产生失误。当然，对业余球员来说，对手的发球并不像职业比赛中那样难以对付，只要能在对手发出球之前做出自己的接球选择就可以了。方法很简单：当你准备接发球的时候，确定自己是想要进攻还是防守；然后，根据正拍球和反拍球的不同，分别选择回球的线路；真正接发球的时候，只要遵循了自己的事先设想，不管结果如何都可以算是一次成功的接发球。虽然并不是每次回球都很有效，但这对你在接发球时具备充足的信心确实很有帮助。

网球

❖ 接发球区别于连续对攻

1．引拍速度不同

接发球与连续对攻的不同之处，在于发球来球的速度更快，接球人必须及时地做出与快速来球相应的后摆挥拍动作才行。

2．引拍力度不同

接发球的后摆挥拍动作与对攻时的后摆挥拍动作相比，需要更有力。

3．引拍幅度不同

对于速度特快的发球，如果后摆挥拍动作过大，会招致挥拍过迟，因此对付大力快速的发球，后摆挥拍的幅度不宜过大。但当第二发球时，发球速度一般会减慢，此时则应加大向后挥摆的幅度，采取积极进攻型击球的打法。

4. 击球姿势不同

接发球与通常的对攻击球时姿势不同。由于来球速度较快，没有充裕的时间，所以最好采用开立姿势，利用向前转肩的方法来带动上体转动。

如果是正手击球则向前突出左肩（左手选手则是右肩），如果球飞向自己的反手侧，立即向前突出右肩（左手选手则突出左肩）。只要把肩转向前，上体就自然扭转过来。接发球技术中，及时的上体转体动作是成功接网球最重要的环节之一。

截击

网前可能是一个令人害怕的地方。但了解网前的基本截击技巧并知道该把球打在何处以及何时打，将使这座高山爬起来较为容易。初学者上网时会觉得不自在，这是很普遍的现象。就时间而言，截击比底线抽球可有的反应时间更短。此外，还有被穿越或被高吊的

恐惧，有些球员还会害怕被球打中。但对于想要提升球技的初学者和中级者而言，变成一位好的截击者是很重要的一个步骤；而对于高程度的球员而言，在网前得分是绝对必要的。与抽球不一样的是，截击之道对于初学者和老经验的球员都是一致的。

❖ 截击的基本技术

一旦你精通了握拍、移动方式以及网前的运作之道，那么你所需的就只是经验，经验能帮你在正确的时间击出正确的球。

1．握拍

当你学习截击时，最重要的事情之一就是击球要扎实。你应该要能感到握拍的手掌有撞到球的感觉。如果只有淡淡的感觉，那就表示你错失了球拍的甜区，而甜区是能够产生最佳击球的拍面区域。截击的最理想握拍方式是大陆式。让手指之间有一些空隙，特别是食指与中指之间。形成这样的“扣扳机手指”将让一些球员得到更多的拍头控制。而使用大陆式握拍的一个好处是，你可以用它来打正手截击与反手截击，这可以节省变换握拍的时间，让你把注意力放在看球上。当你打扣杀时，你也应该使用这种握拍法。如果你是一位初学者并对使用大陆式握拍觉得有困难，试试在打正手截击时使用东方式正手握拍，而在打反手截击时使用东方式反手握拍。虽然这些东方式的握拍都比较适合抽球，但不适合截击。

2．平衡

对业余球员而言，没有维持良好的平衡是几乎不可能打出有效截击的。只有像顶尖职业球员，才能靠着他们的运动能力，偶尔从棘手的位置打好截击。如果你的平衡不好，你很可能打出失误球，失去准确性，而且无法快速地回防。在你截击之前，当你的对手开始挥拍的时候，你需要做一个分开步并建立你的平衡。然后，从这个双脚分开约肩膀宽且双膝弯曲的姿势下，向球移动并让自己处于一个能够在你的身体前方与稍侧方击球的位置。理想的方法是，你要尽量靠近球网来截击，但必须注意对手可能打出高吊球；距离网子 6 ～ 8 英尺是一个好的距离。尽可能避免猛烈的冲刺，而如果来球很低的话，使用双膝的弯曲来降低身体重心，绝不要从腰部弯身。

身体前倾并让你的力量移入击球之中；你的力量应来自这个动作，而非来自大幅的挥拍。为维持平衡，打正拍截击时，以非主力脚向前跨一步（右手打球者是左脚，而左手打球者是右脚），而在打

反拍截击时，以主力脚向前跨一步。但不要向前跨至无法快速回到准备动作的程度。

使用几个大步，或很多的小步，来进入适当的场上位置，但总是要维持重心居中。

3. 挥拍

所有层级的截击者最常犯的错误也许就是过度挥拍。除非你是一位高水平的球员，否则你在击球时就应该保持挥拍的简短。把你的截击想成一个挡球的动作。打正手截击时，保持球拍于身体的前方，

手腕往后弯曲，并把拍面指向你要球前往的方向。不要看着你的目标，试着看球进入球拍的网面。当球与球拍的网面接触时，把球打向一个新的方向。你的向前动作和对手的球速将给你截击所需的所有力量。你可以有小小的送拍，但避免做出任何像挥拍的动作。动作越简短，出差错的机会就越小。在反手方面，把你的身体转向侧面，并把持拍的肩膀指向你要球前往的方向。由于你的持拍手臂将在你的身体前面，因此你不要把球拍往后拉得太远。短小的送拍通常不会给你带来问题。打截击时，你的挥拍路线通常要有一点向下。为球带来下旋并把球送深的是拍面打开（拍面朝向天空）的程度，而非由高而低的挥拍动作。但打低截击时，尤其是从场上较深的地方打时，你也许需要向上送拍。打开的拍面加上小幅的向上送拍有助于让球更稳定地过网。不论是正手或是反手的截击，尽可能保持拍头于手腕之上，让拍头稍微上翘 45 度角最理想。

4. 截击的时机和位置

一般来说，当你击出快而较深的球，迫使对手向后退的时候你就应该向前压，简单说就是“敌退我进”。但要注意的是千万不要停留在发球线前 1 米至后 2 米的地方，这一地带被称为“危险地带”，要果断地穿过这一区域。因为在这一区域球的飞行高度恰好是腰部以下或落在脚的附近，在这个时候截击是比较困难的，充其量是做防御性的截击，这样容易处于被动的状态。

截击的最佳位置是离网 1.5 ～ 2 米的地方，在这一位置就容易打出有进攻性的截击。

❖ 如何打好正拍截击

打好截击，我们首先建议您采用大陆式握拍，也就是俗称的“大榔头”式握拍（动作就像握住榔头往墙里钉钉子），因为最早被普遍应用于欧洲大陆的草地球场上，所以得名“大陆式”。这种握法除了可被用于截击以外，在发球和打过顶高压球时的效果也不错。有些休闲球员经常采用东方式正拍打截击。当击球点高于球网的时候，这种握法或许效果不错，但是当击球点在脚踝高度的时候，东方式就很难将球带过球网了。这不如大陆式握法好用了。

1．网前的准备姿势

从一开始你就要用大陆式握拍。因为截击的节奏很快，即便靠近球网也不能方便地更换握法，所以用大陆式握法正反拍截击不用更换握法的优点就显露出来了。打截击的最佳击球点是在肩膀高度，从准备姿势开始，为了能将身体处于合适的击球位置，在击球时保持好平衡，拍头要比在底线准备时略向上抬起一些，以便将身体的力量顺畅地传递到击球点上，确保将球打过球网。

2．最佳截击准备

需要注意的是手臂、肩膀和脚步上的动作。球离开对手球拍的时候，也就是你该进入截击准备姿势的时候了。你需要先根据来球的方向判断肩膀转动的方向，并同时判断自己是该用正拍截击还是反拍截击（这往往是截击中最困难的环节）。要想进入恰当的截击位置，步法的调整至关重要。前瑞典球王埃德伯格常说自己是用脚步来截击的。身体进入位置越舒服，截击打得也就越舒服有效。建议做准备姿势时要抬起脚后跟，用脚趾着地，以便灵活移动。

休闲球员最常见的错误就是准备截击时向后引拍的幅度过大，或是肩膀转动幅度过大，导致截击得不是过晚就是过重。

开始截击时，你需要在触球前恰到好处地迈出一步，好将身体重量充分移动到来球上。这意味着你必须获得更充分的准备时间。击球时，你要面向球网，让击球点处于身体前方。

触球时别让手臂完全打直，否则会干扰身体力量的传送。手肘的略微弯曲会方便前臂和肩膀肌肉的运用。当击球点在肩膀高度的时候，手臂会沿自上而下的轨迹完成截击。触球时，拍面略微打开，随后为了有效控球，拍面需要随即滑过球的底部，通过微小的手腕转动让弦床擦出下旋，这样不仅会利用下旋球反弹低的特点给对手

制造麻烦，还能让球在弦床上停留的时间更长一些，产生更多的兜球效果，更好地控制住落点。

休闲球员最常犯的错误是尝试用“砍”的方法来打截击，结果拍面擦过球时的角度过于剧烈，难以用甜区击到球。你需要在截击的时候简化手臂的动作，及时恢复准备姿势为下一击做好准备，切记过犹不及。截击的随挥动作也要相对短很多，拍面在球离开弦床的时候还要跟随一程。来球的速度越慢，你随挥的动作就要越长；来球的速度越快，你随挥的动作就要越短，借力的效果就越明显。

❖ 如何打好反拍截击

反拍截击和正拍截击有许多相似之处，如尽早准备、运用脚步稳固身体、击球点靠近身体前方等等。但在实践中，反拍截击的运用次数却比正拍截击多得多。这主要是因为对付那些近身的来球时，反拍截击要更方便一些。

反拍截击的准备姿势和正拍截击的一样，用大陆式握拍，非持拍手扶住拍颈，帮助稳定球拍。因为球是飞向反拍一侧的，身体的重心应该有向左腿移动的趋势，身体重心已经开始进入击球区。在对手击球的时候，你要马上判断出来球的方向和角度。非持拍手仍然扶在拍颈上。此时，你的肩膀已经转动过来，与球网成 90 度，引拍的幅度不要太大。当球进入击球区之后，球拍向前挥动，从非持拍手的扶握中挣脱。有些休闲球员，因为在打底线反拍球的时候使用的是双手反拍，因而在反拍截击时也用双手握拍。这样就会产生滞肘作用，让你的击球无法产生出足够的爆发性，而且在对付低截击的时候尤其困难。

触球后，身体的重心已完全放到了左腿上。为了保持身体的平衡，右腿开始向前跨步，非持拍手向后伸展，上身保持平稳。

击球点处在身体反拍一侧的前方，右脚随身体重心向前跨出一步，将身体的重量转移到右腿上。整个截击中，身体重量的转移是击球力量的主要来源。

当截击动作结束时，身体的重心已经完全移到了右腿上。反拍截击同样采用下旋切球，来球的速度越快，随挥的动作就越小；来球的速度越慢，随挥的动作就越大。

窍门：反拍截击中，通过非持拍手的扶握，你就有机会调整好握法。在职业比赛中，来球的速度很快，球员们不会再去调整握拍了。但在休闲球员的比赛中，如果你对大陆式握拍感觉不习惯的话，较慢的球速还会给你留出时间去调整握拍。调整握拍的最佳时机是伴随肩膀的转动同时进行，直到非持拍手完全松开球拍。

❖ 如何打好三种别扭的截击球

1. 正拍低截击

截击的最佳高度是在肩膀附近，但实际中却少有机会让你如此舒服地截击。对付低于腰部的来球会让整个截击动作发生不小的改变。

错误：处理低截击中最普遍的错误就是球员的双腿没有足够弯曲，身体重心未能跟随来球降到合适的高度。

纠正：截击时右腿弯曲，膝盖几乎触地，使得身体的重心降得很低，保持了良好的平衡。在这么低的位置上，拍面与地面达成平行，很方便击球时利用手腕的轻微策动保持良好的控制性。

通常，截击的击球点越低，拍面打开的程度也就越大。和其他截击一样，大陆式依然是最恰当的握拍方式。

注意，不要尝试用完整的挥拍动作完成低截击，因为这种截击毕竟属于防守类型的。你最需要的是在触球的一瞬，让球拍产生简短的“磕”球动作。大多数情况下，低截击触球后，球拍向前随挥的距离要小于30厘米。

2. 正拍高截击

当球落在高于头顶，且又不足以打出高压杀球的时候，就需要使用高截击的技术了。

错误：不必要的大幅度挥拍动作。

纠正：保持拍面与来球处于同一条线路上。引拍动作要快，和高压杀球时一样。通过运用前臂和手腕，将来自腿部的力量，顺畅转移到球拍上，用拍面的甜区自上而下地猛击来球。当然，截击前良好的站位永远是截击得分的重要因素。

3. 追身截击

当球直接飞向球员身体时，因为来不及转动肩膀，会让截击变得很别扭，因此在截击追身球的时候，我们需要做许多调整，方式如下：

最好使用反拍截击方式来打追身截击。因为这样做出的反应速度最快，而且还能让球拍很方便地达成与来球处于同一线路的要求。

针对不同位置的追身球，你需要有不同的策略。球飞到腰部位置时，你需要简化送拍动作，持拍手臂向外送肘即可，触球时拍面会自动与来球垂直。球飞到脸部位置时，击球点恰好就在脸上，因此你只有将身体向一侧躲闪，才能腾出位置让球拍进行截击。

面对追身球，没有时间调整握拍方式，因此从准备动作开始就要使用大陆式握法。同时，在触球的一瞬间，手腕还要僵住，稳稳地捏牢拍柄。另外，为了简化截击的动作，你可以尝试使用前臂和手腕的动作来完成击球。当然，保持拍面和来球处在同一线路上是任何时候都要铭记的要领。

❖ 如何对付截击球

看到对手上网打出一记截击球后，你想用凶猛的抽球给对手一次警告：看你还敢上网！特别注意，如果对手在网前的位置很好，或者前一记截击的质量很高，选择进攻就变得愚蠢了。此时，你不妨运用上旋抽球的方式来为自己争取机会。

大多数处在网前的球员在截击那些大力回球时都很有把握，但对付旋转球却少有办法。打上旋抽球，不仅会利用球落地后反弹高的特点，给对手制造麻烦，还能获得更好的控制感，打出更大的角度。另外，若能将球的弧度控制更低的话，对手回击的难度也会更大。

❖ 双打截击的要诀

双打偷截通常要沿斜线运动。在双打比赛中，网前的球员为了破坏对手的斜线接发球，最常用到的就是偷偷摸到同伴一侧的区域，出其不意地对接发球进行偷袭式的截击。需要注意的是，每一次突然袭击之前，和同伴的沟通都至关重要，因为发起偷截的同时还需要同伴的配合。

当然，决定一次偷截能否成功，并不取决于计划的周密，而是取决于执行的方式。偷截的第一步，无疑是根据判断，在网前向另一侧移动身体（战术上称为抢网），来到球飞行的线路上。这一环节上，很多人都是沿平行球网的线路做移动的，有的更糟，甚至向斜后方做移动。这样做的直接恶果有两个：①在移动的过程中，身体并没有接近球网，因而使截击的质量受到影响（打好截击的基本要领是距离球网越近攻击性越好）；②距离球网越远，球过网后的飞行时间就越长，特别是在对付过网急坠的球时，往往导致你要在更低的位置上进行截击（截击的又一要则，击球点越低，截击难度越大）。

偷截，既然是颇具攻击性的战术，就同时具备相当的风险。一旦使用，你就要争取打出一记制胜球。我建议大家在发动偷截的时候，能够沿斜线向网前运动。这样一来，你就能在横向移动的同时迅速靠近球网，为截击的成功提供更好的机会。

切削

❖ 正手切削

正手切削通常被我们戏称为“紧急情况的SOS”。通常情况下，我们都用正手来大力抽球。但是当我们的脚步到了极限，甚至身体都站不稳的时候，正手切削就被拿出来使用。

这项技术虽然很难，但却有很多好处。你可以用这种回球打乱对手的节奏，击垮他们的信心。以前，当球员在底线处于被动防守地位时，他可能会打月亮球来为自己争取回位的时间，但现在这种

方法已经起不到任何效果，对方往往会直奔前场，来一个打向空当的截击。这时，“SOS”急救球的好处就显现出来。你的切削使球弹跳很低，逼迫对手将球打高，因此你获得了回位的时间。此外，你的回球还可能造成对手失误。如果你们都在跑动中击球，那体力消耗一定不小。这时他打出一记角度刁钻、势大力沉的回球，以为可以得分了，但你却用“SOS”动作将球回了过去，他一定会被逼得很无奈。因为他对这种“难看”甚至是“怪异”的回球毫无防备。于是在情绪波动的影响下，他失误的可能性会增大很多。由此看来，正手切削虽不是网球中的常规动作，但经常练习还是有好处的，它们总能派上用场。前世界第一、7 次大满贯得主维兰德，是能熟练使用这种回球的第一人。纳达尔和科里亚是当今网坛这项技术的典型代表，他们的脚步非常快。你可以在比赛中看到这些“跑不死”的球员有上佳表现，你认为你可以得分了，但他们拼命跑，把球救过来，你就不得不在这种压力下打出更大的角度。休伊特也是典型的例子——特别是在接发球时，发挥得更是淋漓尽致。克里斯特尔斯和斯里查潘也是正手切削回球的天才，你会经常看到他们在硬地上还能劈叉完成这个动作。当然，这要有惊人的柔韧性和灵活性才行，否则你的脚踝、膝盖或者手腕就有危险了。下面是正手切削的技术要点。

1. 使用发球时的握拍方法，这样能保证拍子触到球的底部。

2. 球拍要高于球的高度，并垂直于地面。

3. 把腿张开压低重心，并保证上身垂直，将胳膊尽量伸长，之后右腿下蹲（如果你是右手球员）。

4. 当球在你身前的位置时，用手腕向下切球，有点像切西瓜的样子。

5．将球切回中路，如果有能力的话，也可以加一点角度。但最重要的是把球回过去。

6．迅速回位，重心放到右腿，然后使用交叉步以节省时间。

❖ 反手切削

削球击法主要是使球击出后产生下旋，球落地后弹跳低，迫使对手由下向上拉球，或使对手难以借助回球力量，击出平而快的攻击性强的来球。打好反手削球，需要注意以下几点：

1．反手削球的握拍方法

握拍方法应是大陆式握拍法。大陆式握拍法是由拇指与食指形成的虎口放在拍把的上半面与左上斜面的交界线上，这种握拍法介于东方式正拍握拍法与反拍握拍法之间。在此基础上根据个人习惯，可略微向左、右做一点转动。

2. 反手削击球的后拉拍动作

从准备姿势开始，一旦判断要打反拍时，立即转肩，由转肩动作带动球拍向后，手腕稍微翘起，以保持拍向上，高于腕部，后拉拍动作完成。要使球产生下旋，向后拉拍必须相对地高一些，然后迎着来球向前下方去击球。后拉拍的拍头高度要高于将要选择的击球点的高度，具体高出击球点多高的程度，要视来球情况和自己所取击球点的不同高度，以及削球方式而有所区别。

3. 反手削球的前挥击球动作

向前挥拍时，重心随着球拍前移，以加强击球的力量和速度。削球的挥拍轨迹应是从后向前下方挥动运行。拍面接触球时稍微仰起一些，击打球的中下部位置。击球点的选择应在侧身转体的右肩前（以右手执拍为例）20 厘米左右，以个人能给球击上力量为宜。击中球后继续向前随挥，自然停止。尽量延长球拍与球的接触时间，便于发挥控制球的能力。

4．反手削球的几种打法

（1）压

一般是对付对手拉出的弹跳较高的上旋球。此种削球方法，要注意的是拍头要高于击球点较多，拍面相对要接近于与地面垂直，挥击球拍运行轨迹是由后上方向前下方挥动。

（2）平削

一般是采取削击球进攻的一种打法。击球点的高度多选择在腰部高度左右，拍头略高于击球点，拍面稍微仰起一点，挥击球拍运行轨迹主要是由后向前挥动，接近于平击球动作，不同的是平击球是接触球的中上部位，而平削是接触球的中部偏下部位。

（3）切削

一般是用来防守的手段，此种打法是缓和对手进攻的压力，给自己以防守还原的时间。拍头要高于击球点，拍面仰起角度稍大，挥击球拍运行轨迹是由后上方向前下方挥动，有向前下方切的感觉，

接触球的中下部位置，击出的球向前上方运动，球速较慢。

5. 反手削球注意的要点

（1）后拉拍的拍头一定要高于击球点的高度。

（2）手腕翘起，拍头高于手腕。

（3）击球点力争在转肩后的肩部前方。

（4）随挥动作要简练。

高压球

高压球是一项绝对的强攻性技术，一般来说打高压球就意味着得势、得分，如没有这样的信念，那么掌握高压球技术也就失去了意义。因为实际比赛中打高压球的机会是不多的，而即使是不会打高压球的人也照样能够堂而皇之地活跃在网球场上——他们可以等球落地后反弹至合适的高度时以击落地球的技术将球处理回去。初学者不必在高压球上太费心思，把它当成一项有益但不十分必要也

不必掌握得十分精到的技术稍加演练就可以了，等球技全面精进后再“充电”不但不迟，也比较安全。

❖ 高压球的种类

高压球可分为凌空高压球、落地高压球、前场高压球、后场高压球等几种，其动作与发球相似。

❖ 高压球的技术要领

凌空高压球指的是不等来球落地，在空中就将其扣杀回去。此种球杀伤力极大，但击球者需具备良好的空中定向、判断能力及熟练而精准的脚步移动能力。对初学者而言有点儿勉为其难。落地高压球则相反，一般是在来球虽高但飘忽不定或很难取到最佳点将其凌空击回去的情况下，让球落地反弹后再寻高点扣杀，初学者可以此作为练习高压球的手段之一。前场高压球因为位置靠近网前，所以基本上是应该得分的，除非“大意失荆州”或技术实在太糟糕。后场高压球一般是在上网后被对方反击一个超身球（过头球）的情况下的抢救性措施，虽看起来有些被动，但发挥好了一样可以重创对手乃至得分。

1．握拍

高压球与网前截击球都是大陆式握拍。

2．准备

上网或在上网途中随时都要准备，并且是心理上的准备，动作外形与一般情况无异。

3．后摆球拍

以准备姿势为基础，在脚步开始调整、身体位置相应变化的同

时转体、侧身，并以最快捷的动作将球拍摆至肩上。

4. 背弓动作

后摆时除伴随有转体、侧身动作外，还应有适度的屈膝及背弓动作以备发力之需。高压球不单纯依靠手臂或手腕的甩动发力，而是靠腰腹、腿部及身体整体的协调发力，这与发球是一样的道理。

5. 挥拍击球

判断准击球点并移动到位后，以双脚为支撑向击球点方向蹬地、转体、收腹（反弹背弓），继而挥拍击球。发力程序和感觉与发球相似，但击球点在能保证球过网的前提下，其位置越靠前越利于发力和控制球出手的角度，越靠前越具有杀伤性，这与发球时力争高点是不同的。到达击球点时身体应已完全面向对方（已完成转体），收腹（反弹背弓）的强劲势头也爆发于此点。手臂挥拍动作与发球一样有个搔背再迎击来球的过程，不要硬压大臂以期“高压”来球，而是要将小臂和拍头“甩”出去。当然，在这里“甩”的含义并不包括乱甩乱动手腕，手腕的张弛适度对击任何球都是十分重要的，因为不合时宜的紧张将导致整个手臂的僵硬，任意乱甩又极容易使球失去

控制。高压球不必过分苛求施加旋转，只要注重力量和一定的角度就足够了。

6. 随挥

高压球的随挥动作仍与发球类似，击球过后顺势将球拍收于持拍手异侧的腿侧就可以了。这在击球点比较合适（如在身体的前上方）的情况下容易做出来。如果击球点很靠后或很偏，不适合正常发力，那么随挥动作就有可能被强行的扣腕或旋腕动作所代替，这要求击球者具有良好的腰腹力量及手腕的控制能力。初学者遇到这样的情况时最好能够量力而行，若勉强为之容易受伤。

7. 步法

打高压球对步法的灵活性及准确性要求比较高，因为来球不受己方控制，是“高空作业”，球在空中飞行时可能会因风向、旋转等因素而产生一些难以预知的变化，这就要求击球者快速反应、灵活移动、准确取位以获得理想的击球点，否则很难打好高压球。高压球步法通常有两种，即后退步和侧身交叉步。

❖ 打好高压球需注意的事项

对初学者来说，当你在场上的移动还没达到“一步到位”的取位水平，而又非常想打几个漂亮的高压球时，补拙的唯一办法是：不到最后击球的关头就不停止脚步的调整，哪怕已经处于很好的位置了，双脚也要不停地在原地做碎步的调整。这对保持重心灵活是很有好处的。如果你的双脚“钉”死在一个地方，那你可能很容易被突如其来的哪怕一点点儿变化弄得措手不及、步法混乱。请试一试，体验一下其中的不同之处。

还有一点必须强调的是，打高压球时无论以什么样的方式移动身体，最后都应尽全力采用双脚一前一后的方式站位：与持拍手相异一侧的脚在前，另一脚在后，两脚连线与球网近乎垂直。跳起扣杀时也是如此，在落地时还要注意膝、踝关节的缓冲并且以快速的回位来准备下一次击球。

高压球在实际击球过程中对重心的转移并没有很严格的要求，虽然由后脚移至前脚是最理想的，但若击球点不合适则很难做到这一点。其实无论在什么情况下，击球者只要保持重心稳定、身体不东倒西歪，能够做出收腹发力的动作就可以了。

跳起高压的动作与羽毛球的跳起扣杀动作极为相似，一般以与持拍手同一侧的脚蹬地起跳，落地时异侧的脚先着地、缓冲，挥拍击球时双脚在空中有个前后换位的动作，这是转体发力的副产品。初学者在体验跳起打高压球时不要急于求成，骤然发力容易导致受伤。需要再次强调的是，高压球发力的根本在于蹬地、腰背的反弹及手臂摆向击球点的速度，初学者千万不能以手腕动作代替身体动作作为发力的源泉，否则危险极大。

有时候球员会遇到一个百分之百能得分的打高压球的机会，但由于心情太过迫切反而把百分之百变成了百分之零，这是非常可惜的一种情况。不过球员大可不必为此埋怨自己，初学者所要做的是尽快忘掉这些失误，而只把正确的动作要领和曾经打出的漂亮球深深记在脑海中，并时刻想着去重复它们、再现它们。

近网短球

近网短球也称放小球。和挑高球一样，是为了战略的需要。掌握放小球这样细腻的球感，需要多年的训练和经验，但值得花时间去练习，以便使自己的网球技术多样化。

❖ 特点和作用

近网短球的目的之一，是当对手前后移动慢、网前技术差时，把对手从后场引至前场，创造进攻得分机会；另一个目的，是当对手站在后场或大角度跑出场外时，突然放小球，使对手来不及到位而得分。掌握了放小球技术，可使自己打法多变，令对手捉摸不定。

❖ 动作要点

当准备放小球时，击球前的准备动作与正、反拍抽球动作相同，球拍后引，侧身对网，拍头高出设想的击球点。

侧身还击来球，击球时拍面稍开，动作柔和，触球点在球的下部，使之产生下旋，并以适当的前推或上托动作把球击出，使球有适当的弧线落在对方球场近网处。

用恰当的假动作吸引对方，以使之猝不及防，达到意想不到的效果。

❖ 如何练习近网短球

近网短球是你最后要学会的实用击球方法之一，也是最难正确掌握的一种。学习这项技术时有两个困难摆在你面前：①这是一种很微妙的触球，需要有很好的球感和控球能力。②击球时难以判断。

要击出近网短球，可以使用两种旋转——后旋和下旋。近网短球通常是当你处于中场位置时，或来球为齐腰高的短球时击出。最开始打近网短球时，你可能预先就向对手清晰地表明了你的意图，他会在你完成击球动作之前就开始向网前跑去。不过，随着技术的提高，你将能够做到掩蔽自己的意图，挥起球拍就好像你要打一个正手截击球。握拍方式应该是大陆式的，因为打短球时总要加上一些切削动作。假设球超过了网高，把球拍挥摆到球的后部，然后让球拍轻轻地抓住球的后部。

好的近网短球应有足够的下旋，防止其反弹向后场的对手。如果一个短球能在发球区内弹跳 3 次，那绝对是一个得分球。后旋可使球放低，下旋可使球弹回，留在近网的短距离内。当你的身体失去平衡或站位不好的时候，不要打近网短球。近网短球大多数是在把对手逼到后场以外的时候打出来的。你的目的是使对手用尽全力赶上来回击一球，也就是击出一个短球。

你也可以在发球时打一个近网短球。这更多的是一种突然袭击，

应尽可能少地使用。反手短球也可以切削。大多数选手认为反手不如正手容易，但反手削球却是更为自然的一种击球方式。

在单打比赛中，近网短球大部分都是在一个长时间的连续击打过程中击出的，并且通常都为直线球而非斜线球。在双打比赛中，短球的使用就没有那么频繁了，因为网前总是至少有一名球员。但角度球在双打比赛中运用广泛，短的角度球实际上就是近网短球，击球时也要切削出和其他任何近网短球一样的感觉。

如果打坏了一个近网短球，实在没有太多补救的方法，赶紧退回到中场端线附近，向一边移动脚步，并努力预测对手的击球方式。无论如何，你的对手极有可能赢得这 1 分。打得好的近网短球常常是一个得分球，而一个弹得很高或击得很深的坏球，将使你陷入麻烦的境地。

练习一：站在原地，将球抛起，高于头顶约 0.5 米；用反拍切球方式，让拍面沿半圆的轨迹凌空切球；注意不要让球落地，重复上面的动作。如果一开始的感觉不准，不好控制球的话，也可以先让球落地，待它反弹后再切球，随后重新抛球，尝试凌空直接切到球。

练习二：自己抛球待落地反弹后，用下旋方式切球。注意要将球控制在自己一侧的球场内，别过网，且落地后能产生向后反弹的效果。

练习三：站到球场中间区域，自己抛球待落地反弹后，用下旋方式将球切过球网。注意要让球过网后落在距离球网 2 ～ 3 米内，且落地后能产生向后反弹的效果。

第四章

网球基本战术

基本打法

观看比赛的很大一部分乐趣来自观赏不同风格、不同打法类型的选手之间的对垒。网球打法的类型可分为上网型、全能型和底线型三种。

❖ 上网型打法

上网型打法的特点是以发球或随球上网为自己创造上网的机会，再通过网前截击、高压限制对方的底线抽击，直接得分或造成短兵相接的中前场搏杀。发球上网是上网型选手在发球局中的主要战术，根据发球技术可以细分为“艺术型”发球上网和“强力型”发球上网。“艺术型”发球上网的代表人物是拉夫特、埃德博格，他们的发球有非常强烈的旋转，为此不惜以牺牲球速为代价，上旋发球能高高跳过接发者的肩膀，迫使对手在难以发力的高度击球，并快速上网，用出色的网前技巧来拿下这 1 分；“强力型”发球上网，其代表人物是伊万尼塞维奇和桑普拉斯，他们强大的发球往往能直接得分，至少能以球速破坏对手的接发球质量，然后上网轻松得分。

❖ 全能型打法

全能型打法的特点是既能发球上网、随球上网，在网前和中场进行短兵相接的搏杀，又能通过底线抽杀控制局面，战术手段多样，能根据对手的情况有针对性地实施战术。拥有全面的技术和变幻莫测的战术，这听上去是很完美的，但实际情况远非如此：(1) 因为各项技术都过硬是很难办到的事；(2) 光“全能”是远远不够的，必须拥有强大的得分武器才能在现代网坛立足。在实际比赛中，全能型的打法大多有两种倾向：一种是更倾向于网前和中场，如比约克曼；另一种则更倾向于底线，比如菲利普西斯等。

❖ 底线型打法

不久前，关于底线型的描述还有攻击型和防守型的分类，现在这种分类已经没有存在的必要了。如今所有的底线型选手，包括那些泥地选手，都是攻守兼备，不然就无法立足于现代网坛。这种打法的特点是以底线抽球的节奏、旋转、球速、落点变化来争取主动，摆脱被动。当对手在底线时，则到处调动他，寻找制胜的机会；当对手在中前场时，则用破网和挑高球来化解。当今网坛 75% 的选手都是底线型的打法，能攻善守的休伊特便是这种打法的杰出代表。

单双打战术

❖ 单打战术

通常单打比赛开始时，双方都用自己最擅长的技术迎战。在摸透对方的战术后，适时改变战术策略，以达到使对方失去节奏、消耗对方体力，最终赢得比赛的目的。只要对方开始不适应你的球路，跟着你的节奏打，这时候你就基本取得比赛的胜利了。

1. 发球

发球是你最不受对方制约的技术，所以一定要充分地利用，争取拿下发球局，掌握主动权。然而一成不变的发球会使对方很容易适应，并找到对付你的方法。你也许侥幸拿下了第一个发球局，但第二个、第三个发球局你就危险了。具体点就是：内角、外角、中路三种路线相结合，上旋、侧旋、平击多变化。

2. 接发球

从被动到主动。面对快速的发球，不要急于加力回球，这样往往失误较多。如果对方反手较弱那就打对方的反手，对方发球动作较大就打追身球，令其没有时间调整脚步。

3. 发球上网

如果你能准确、快速地发出外角球，那你就准备上网吧。注意不要一次冲到近网，没有回旋的余地。大约到发球线附近停顿一下，仔细观察对方回击球的情况，采取下一步的行动，因为如果你冲得过于靠前，会使你重心不稳，对下一步的截击或高压不利，一旦对方回球是一个上旋短球，你将没有机会截击反弹球，若对方回球较高，你也将失去高压球的机会。

上网要点：选择适当的时机，当你把球发到外角时，对手接球的另一侧是空场，也就是说，对方要想把球回到场内，必须把球从靠近发球区的这一侧的球网上方回过来，否则球一定出界，所以你只需防住你发球的这个区域的来球就可以了。对方的回球质量不高，你可以截一个深球或者放一个小球到对方的空场区轻松得分。

4. 攻反手，调正手

对于反手较弱的对手尤其奏效。一味地攻对方的反手几个回合之后，对方会有一个惯性的认识，感觉下一拍还是打他的反手。这时你找准时机调他一个正手，或直接得分，或为下一拍创造机会。

5. 等待对方主动变线

在双方僵持不下、力量均等的情况下，等待对方主动变线，因为此时变线失误的概率大于得分或取得主动的概率。

6. 放短球，吸引对方上网

当对手的网前技术不是很好时可采用此战术，或直接得分，或者为下一拍破网做准备。

7. 挑高球，逼迫对方打高压球

当你在底线拿对方没什么办法时，而对方高压球又不是很好，挑高球是一个不错的选择。

❖ 双打战术

双打比赛和单打比赛有很大的差别，双打更多地依赖配对的两个球员的默契配合，以及网前的截击技术。

与单打比赛不同，双打时两个人的站位很重要。站位的目的就是，不能让对方轻易找到空当，从而不会轻易改变球的路线，这样，你

就会取得主动，伺机进攻，站在网前的球员可以截击，底线的球员可以找机会穿越。

使用双上网战术。如果本方发球质量很高时，可使用此战术，十分奏效。

底线球多给对方底线，截击球多给对方网前的人，这样容易减少失误，提高得分概率。

把球更多地打给对方相对较弱的球员，恃强凌弱，避实就虚。

单打比赛中的经典打法

大多数人认为打了二三年网球之后，需要提高的就是打出落点较深或逼近对手身体的底线球，还有就是能够上网截击等等。其实这不是提高的目标。而几乎所有优秀的职业球员都拥有撒手锏：底线型，像阿加西和塞莱斯，在与对手的一番底线对抽之后，往往会突然强力打一拍，逼出个便于攻击的机会。网前型，像鲁塞德斯基和陶兹亚特，往往在能打出逼近对手身体的球后上网，并运用判断和截击封住网前。全场型，像亨曼、库尔滕和桑普拉斯，是少数几位能够综合运用强力正拍、反拍和精湛的网前技巧来降服对手的球员。

因此，你要先对自己的优点和弱点心知肚明，尽量使自己的技术全面无软肋。然后还要学会如何“计划”得分。这样，你才会顺利通过技术提高的瓶颈，成为球场真正的赢家。以下是些具体的建议。

❖ 提早或加强击球

底线型球员为获得对 1 分的控制，通常会在判断回球落点后，主动向前移动，并抢在第一时间击球或发力攻一下。运用这种方法，不仅可以减少对手的反应时间，迫使他们的回球不具有攻击性，让你在下一拍轻松得分，而且还可能直接逼迫他们主动失误。

第一时间击球，是让对手感到跟不上步调的一个好方法。但要这样做，你需要培养出在第一时间打球的感觉。①你需要对来球的方向、落点和旋转有足够的判断，并明确告诉自己“是该我主动出击的时候了”；②你要向前移动，争取在球落地反弹上升的时候击球，而不要退后去等球回落到合适高度再击球；③用第一时间击球来改变节奏，挑战对手的反应能力时，可别只想着大力击球，还要多注意动作的稳定和扎实。

如果你感觉并不适应第一时间击球的方式，或迟迟培养不起手感的话，就干脆先让球掉下来，加些力再打便是。不过，需要提醒的是，我们在对抽的时候，力量和节奏都较为稳定，挥拍动作占用

的时间也基本相当。但当你突然发力打一拍时，额外的用力将延长你恢复准备姿势的时间，使下面一击质量陡跌，反倒容易让对手抓住机会。

因此，用力击球战术的运用依靠的是你对球的控制。休闲爱好者打球通常都不是很强，也很少有能把对手轰出场外的。问问自己：“在一场三盘的比赛中，你打出过几个直接得分的制胜球呢？”答案很可能是“没几个”。所以，发力攻球的策略要想奏效，就需要你练就可靠的进攻武器。

阿加西的特色之一就是向前移动并在球还在上升之中就用力地击球。卡费尔尼科夫打球也很扎实有力，只不过他更愿意停留在靠近底线的位置。

❖ 良好布局，施展撒手锏

无论打球的水平如何，布局功夫都是最应精通的。被最多采用的布局方式就是对抽落点较深的底线上旋球。当你迫使对手从靠近底线较深的位置打上五六拍之后，他们的击球通常就会丧失原有的稳定性和深度，送给你一个短球，就是你主控该分的时候了。

如果对手是初学者或中级者的话，情况会更好，你也许只需要打 2 或 3 个这样的球，就会得到一个短球。但如果对手的球技水平较高的话，就该轮到考验你的耐心了。

网球练习者经常是来什么球就打什么球，但职业球员们就不同了：他们都不愿呆站在那里把机会留给对手。其实你也同样需要逼迫对手将球喂到最舒服的位置，再以自己的撒手锏“一剑封喉”。阿加西很擅长连续送 5 或 6 个深球到对手的反手位置，待到回出短球，再用他那霹雳般的强大正拍结束该分。塞莱斯也常用同样的方式来为她强悍的反拍布局。

不过，作为网球练习者大可不必非要打出子弹般的平击球来赢得 1 分。其实你能主动创造机会，多多运用自己的优势技术，效率也很高的。话又说回来了，如果你的底线对抽还不够稳定的话，要想通过布局或过渡来谋取 1 分就没那么容易了。

无论是对初学者，还是中级、高级练习者，球还在飞，但你的身体则要先向前倾斜了。不管是在底线还是网前，身体的前倾都可以帮你做出更有攻击性的准备，并把体重和力量运用在击球上。这样做的好处就是提高你对球的预测能力。注意，绝对不要把重心置于两脚的后跟，否则你对来球的反应速度就会大打折扣。

❖ 加强底线，适时截击

只有网前技巧非常好的人才能打出质量上乘的截击吗？

固然，拥有良好的截击技巧，并在网前感到自在是一种优势。但如果你能随着前一个强力的正拍球上网的话，像阿加西、大威和小威那样，你的对手恐怕也很难打出漂亮的穿越球吧。接着，你就可以等在非常舒服的位置，抓到一个很容易截击的球。相反，如果你的底线球不能逼近对手的身体，或者干脆就放到较短的位置，这时要没有较好的截击技巧和网前防守意识，就只剩被穿越的份儿了。

普通意义上，一个底线型球员上网也有 3 个优点：

上网会让对手减少反应的时间。显而易见，你在网前打个截击，与在底线抽球相比，对手的反应时间就只剩一半了。

上网会迫使对手冒险一搏。当你打了一个不仅有威力而且还逼

近身体的球时，你的对手很可能必须在跑动中且处在一个非常不利的位置上回球。

上网可以帮你出奇制胜。如果你经常游离在底线附近击球，而对手也习以为常了，这时，你若突然扑到网前，则对手往往不容易意识到危险已经来临。当他回击一记过网较高的球时，你的事情就非常简单了：等这种球慢慢通过球网时，便轻松地杀球得分。

对初级、中级、高级练习者而言，在网前时，你应该多注意自己的脚步，而非仅仅注意自己的手，特别当你是典型的底线型球员时，因为你只有在平衡的状态下才能打好截击。

对中级、高级练习者而言，当你把对手拉出了场外或让他陷入麻烦时，你要上前并注意上浮球的出现，然后以截击或抽球式的截击把球打向空场。在用抽球方式截击时，应使用抽球的握拍方式，并缩短拉拍。角度的控制十分重要，如果你有能力的话，不妨用上旋的方式来打这球。

❖ 用切球处理近逼球

如何处理对手放过来的短球呢？切球只要足够扎实，落地后的弹跳就会很低，这在室内地毯、硬地球场和草地球场上尤为明显，你的对手此时要想打出高质量的穿越球就难上加难了。此外，比起上旋球，切球的球速较慢，飞行的时间也较长，因此你获得了较为充裕的时间去占据一个良好的截击位置。

要想打出有质量的反拍切球，首先要有发起进攻的心理准备。切球时稍微打开拍面，用力将球切送到对方场地较深的位置。切忌如切菜式地向下砍球，那样会使球上浮并在落地后弹到容易让对手展开进攻的高度。

注意，职业球员往往不会使用切球来打正拍的近逼球。相反，他们多数都会放松手腕，用正拍打出上旋低球，因为这比打反拍上旋球要容易得多。

❖ 随球上网，主动防守

当你打出了一个足够逼近对手身体的球时，不妨跟着球的行进路线同时上网。如果你前一个球的落点够深的话，随球上网的举措就会减少对手穿越的角度，并使你更易于在网前防守。

打对角的近身球比较容易，因为球需要越过的是球网最低的中央部位，而且球的线路也会更长。至于缺点，就是你上网的速度必须够快，否则对手很容易打你个直线穿越。

打直线的近身球较难，但却容易上网，因为你只需做直线的移动，跑动的距离自然比较短。所以，只要你能够在底线很容易打出直线球的话，就干脆都选择打那一边好了。

别忘了，你也可以打一个角度刁钻的短球，并随球上网，这样你的对手必先忙着去捞球，再想打出好球就难了。有些职业球员喜欢朝球场的中央线打一个深球，并随球上网。在今日的强力网球中，虽然这种策略并不常用，但对网球练习者来说，仍不失是个好打法，这时，你的对手若再想打出穿越球的话，难度就大得多了。

单打比赛中针对不同选手的战术

球员们在竞争激烈的世界网坛存身立命，所依靠的就是个性化的打法。他们运用这种打法有多娴熟，他们制胜的长矛就有多锋利。但世界上毕竟没有一种无懈可击的打法，窥视其中的弱点，就能够为我们提供克敌的盾牌。网球的魅力就在于它没有固定的打法，无论是留守底线、冲向网前，还是全场攻防，都可以帮助你获得胜利。对手当然是会选择一种最喜欢的打法去比赛，以己之长，克敌之短，永远是制胜的不二法则。如果你落入了对手的节奏进行比赛，那可就被动了。下面剖析 4 种常见的比赛风格及反击战术。

❖ 大力击球型

打球风格：通常他们习惯处于底线附近，用大力击球来调动对手。尽管他们的制胜球犀利无比，但也会失误频频。

反击战术：面对这种类型的球员，关键是要保持你击球的深度。如果你的回球总是落在对手的半场，那就毫无威胁可言。一般情况下，善打底线的球员总愿意在自己最喜欢的击球区域内发力进攻，所以，为了击败他们，你的回球就要尽可能避开他们这些优势区域。

变化击球的速度和角度来调动对手是个不错的选择，这样一来对手打球时就不那么舒服了。当然，即便是在这样的情况下，对手可能还是打出了同样可怕的制胜球，但不要气馁，振作起来面对下一球。被人打出制胜球毕竟影响情绪，但你要提醒自己这仅仅是 1 分而已。继续调动你的对手，不停地给他的击球制造麻烦。记住：大多数大力击球型球员的耐心都不怎么好，多回合的对拉会诱使他们主动失误。

当然，持续的对拉给你带来的风险也不小。一旦对手控制住对拉的局面，你就可能被彻底击溃。因此，你就要更主动些，迫使对手处于防守状态。要知道大力击球型球员最不擅长打的就是防守球了。此外，你也可以大角度调动对手离开他们习惯的击球区域，或干脆放个小球吸引他们奔到网前。截击球通常也是大力击球型球员的软肋。

❖ 发球上网型

打球风格：此种类型的球员喜欢速战速决的网前较量。他们会用发球和网前截击来给对手制造巨大的压力。

反击战术：首先，确定你面对的是哪种类型的截击选手。当对手冲到网前时，你可能就会过度击球。他准备进攻的态势会让你变得兴奋起来，然后就是一个主动失误。他什么也没有做，却赢了 1 分。想想看，他能不能打出制胜的截击球呢？尝试降低球的高度，最好是把球打到其腰部以下的位置。在回发球时来个低球，效果是很不错的。

大多数发球上网型选手在网前都很有一套，所以不要奢望喂给他们截击球后，自己还有机会取胜。要合理安排你的穿越球。在比赛开始时，可以先挑一些过顶高球，这样可以防止对手来到网前封死穿越的线路。同时，如果从一开始他就对你的高球有所顾及，就会被迫后退一些，留出你打穿越球的空间。明智的选择是采用组合球的进攻方式：首先打一个到对手脚部附近的低球，然后再打一记制胜球。同样，不要畏惧把球直接打向你的对手，即便是很优秀的截击型选手通常也只能顾得上一击，对你的下一击来球均缺乏应对手段，这样就可以赢得比赛。

保住自己的发球局同样重要。发球上网型的选手通常很难被破发，所以你至少也要在自己发球的时候同样让对手难以对付。提高一发成功率，增加击球的深度，就可以在底线附近捆住发球上网型选手的双脚，如此你的胜算就高了。你也可以同样采用发球上网的打法来应对，因为此类型的选手通常在上网前会打一个速度较慢但落点很深的回球，只要你适时上网拦住这些慢速球，你就会在舒服的肩膀高度打出漂亮的截击球。这样,你就用对手的“矛”击败了他。

❖ 快速移动型

打球风格：漂亮的步法，出色的移动技巧，使他们可以追到场上的每一个球，并能够安全地将球打回场内，等你出现失误。面对这些发挥稳定的球员时,意志力尤为重要。对中高级水平的球员来说，对付快速移动型球员什么时候都是件很头痛的事。

反击战术：别期待速战速决，要对比赛的漫长和艰苦做足够的心理准备。这些能跑的“人体发球机”同样可以给你很好的锻炼机会：他们的回球会不停地喂到你容易打出制胜球的位置。陷阱也在这里，当你不断发现自己的强力回球被打了回来后，率先主动失误的危险就增大了。有这几次失误，你就会感到气馁，因为懊恼自己犯下的低级错误，你还会逐渐失掉自信。这也是为什么一个小小的失误就能导致你在接下来的几局始终找不到状态的原因。

解决之道在于耐心。你可以主动寻找打制胜球的机会，不要坐以待毙。记住：快速移动型的球员通常不会打出很有威胁的回球，耐心等待在你喜欢的位置出现一个打制胜球的机会。如果进入了状态，你也不妨上网打些截击球。给快速移动型的球员施加压力，通常会打破他们的稳定性。不管对手打没打出过制胜球，只要你仍控制着比赛的节奏就没什么大不了的，反正你在比赛中总要失些分的，大可不必在接下来的比赛中耿耿于怀。

面对发挥稳定的球员虽然会让你的双脚麻痹，但同样留出不少机会。尽管他们的移动比较迅疾，但回球却绵软无力，且多落在中场附近。就在这样疲于奔命的来回跑动中，他们自己反而失去了打制胜球的感觉。挑高球不一定要追求制胜的效果，只要把球打向空中，迫使对手打过顶球就足以赢得该分。许多球员处理过顶球都不在行，他们很可能会把球打下网或干脆打出界。

❖ 技术全面型

打球风格：他们了解各种技术，无论是在底线、网前还是凭借意志力都能赢得比赛。

反击战术：尝试着让他们没机会使用优势技术，并迫使他们选用一些便于你对付的技术，然后打完比赛。如果你连对手在比赛中将会采用何种技术都不了解的话，那应对的战术将无从谈起。当你面对一个全能型选手时，如果他的正手斜线球打得很好，那你就可以全力以赴地回击他的这种击球。这样只要他用斜线球来对付你的时候，就会发现你总是早早地出现在来球的线路上。当他尝不到半点儿甜头后，就只能选择尝试去打正拍直线球。

当然，技术全面型球员在场上的创造力也不容小视。他们可以使用任何一种进攻方式，而且还喜欢通过组合不同的打法来展示他们全面的技术。但这也是他们的弱点所在，应对的关键在于破坏节奏。你可以在对拉的过程中提早打出富于攻击性的一击，或打出一个没有速度的高球或小球。如果让全能型选手在比赛中感到舒服，你的麻烦就来了；但如果你能够通过节奏和落点的变化来干扰他们，就会降低其专注力。

最后，格外提醒你的是，不要与技术全面型的对手比拼技术。你要尽可能坚持使用自己擅长的技术，而不要采用那些你的对手也会使用的技术。当你输掉了一盘后，或许该改变一下战术了，但却别改变技术，采用自己擅长的技术进行比赛永远是制胜的要诀。

适用中级水平选手的一招：当你打出近身球后，如果对手没有发力击球，那你也不要发力。通常，球员们都喜欢借助对手的力量击球。所以，你可以打一记力量不大但落点很深的球来迫使对手主动发力击球，多数情况下他的击球不是力量很大就是会出现失误。

❖ 总结

1. 面对大力击球型选手要保持击球的深度。

2. 面对快速移动型选手要有耐心，而且要对进攻的时机加以把握。

3. 面对全能型选手要减少其进攻的手段，并尽可能让他使用非优势技术进行比赛。

4. 面对发球上网型选手不要放弃机会，偶尔可以采用截击球与他对攻。

第五章

网球比赛技巧

遵守比赛常规和要求

如今的业余比赛越来越多，这无疑是件好事，既能提高球技又能结识球友。但比赛中总会出现一些令人不快的现象，大多是由于缺乏比赛常识，违反比赛要求所致。归纳起来，比赛时，赛场内外要做到如下几个方面。

❖ 严格遵守比赛时间

网球比赛的时间长短是不确定的，比赛安排一般是连场的，即下一场比赛紧跟着上一场，再加上弃权等因素（这在业余比赛中是常见的），只能大致估计出比赛开始的时间。所以选手们到赛场的时间应尽量提前，这样也不会把自己搞得很狼狈。

❖ 弃权须通知组委会

业余比赛出现的弃权场次远远大于职业比赛。情况无外乎以下3种:①确实有伤情,无法参赛。②因为工作关系,比赛时间得不到保证。③与赛制有关,业余比赛一般先是小组赛,小组出线后才是淘汰制。一些选手原本抱着很高的目标,但在小组赛就连输几场,出线无望,所以就不愿耗费财力和精力参加剩下的小组赛了。

虽各有各的情况,但必须通知组委会,让他们转告对手,以避免对手白跑到赛场,苦等半天,这对谁来说都是一件很不愉快的事。

❖ 要尊重裁判和对手

一些业余比赛没有裁判,采用信任制;另一些赛事即使有裁判,但说实话,裁判水平也不敢恭维,基本是刚从裁判培训班出来练练手的。所以,会出现一些误判、漏判的情况,这无疑是很让人生气的,特别是在关键分的时候。但只要不是对手或裁判有意搞鬼,就一定要控制自己,避免过激的言行,本着解决问题,而不是激化矛盾的态度来对待。

❖ 不要过于一边倒地支持

为自己支持的球员加油助威本是理所当然的,但对方球员发球失误、击球下网,你却大声喝倒彩就不应当了,应该为双方的好球喝彩。你可以对对方的好球视而不见,但绝不要因为对方失误而欢呼。

❖ 赛后要握手

网球是一项绅士运动，要想成为绅士，自然要与常人相异，明明是输了球，满腔怒气，还要上前握手，祝贺他。有时候这样做很困难，这就需要我们调整好心态。

❖ 不要场外指导

网球规则明确规定，除了团体比赛不允许有场外指导。这与其他运动有很大不同，我想这也是网球独有的乐趣：凭借自身的智能、体能、技能，独自面对所有的困难，努力赢取胜利。但还是有不少人喜欢在比赛中指指点点，我想这是对双方球员的一种不尊重，不但破坏了公正的原则，也剥夺了球员独自思考的权利，“观棋不语真君子”的话在这里同样适用。

比赛的热身与放松

❖ 为什么要热身

拿好球拍，穿好球鞋，拎筒新球，就可以进场打球了吗？当然不行。因为你忘了“装备”自己了。我们都知道，做好热身运动不仅可以保证我们在比赛时拥有良好的状态，也是运动伤病的第一道防线。那么如何做热身呢？是照猫画虎地做一组弯腰活动呢？还是扶着球场的边网或网柱做做拉伸运动？事情恐怕没那么简单。

❖ 热身的类型有哪些

在赛前做准备活动无论如何都是很必要的，但需要稍微调整一下。通常的准备活动多是伸展运动，其中有静态伸展运动和动态伸展运动两种。静态伸展运动需要我们把肌肉拉伸到最近的那一点后，继续保持一会儿再放松；动态伸展运动则多是些快速的运动练习。研究表明，以静态伸展运动为主，辅之以少量的动态伸展运动，合理搭配，适时运用，对于网球选手来说大有裨益。

静态伸展运动，是网球练习者最常做的准备活动，它可以将肌肉拉长并增强其柔韧性。杰夫·钱德勒博士是体育和运动科学方面的专家、美国亨廷顿的马歇尔大学讲师、PTR（美国职业网球注册协会）的顾问。他认为，如果我们经常用到的那些肌肉在做准备活动的时候就被拉长的话，反倒会影响你击球的动作和威力。

莱克星顿体育保健中心医疗主任、网球医疗与科学协会创始人

之一的本·基布尔博士也有相同看法。他认为，静态伸展运动可能会在打球的前 20 分钟内，就降低肌肉的运动能力。因此，静态伸展最好是在你刚刚打完球的时候做。你体内血液流动速度快，肌肉处于放松状态，做静态伸展运动，无疑可以方便地使肌肉获得最大限度的拉伸。这里要向不经常打球和年龄较大的网球练习者特别提醒的是，这样的放松安排还有助于缓解身体的僵硬和疼痛。

❖ 怎样进行热身与放松运动

1. 赛前的热身

赛前准备活动的主要任务，就是要让肌肉的运动方式和比赛中的运动方式一致起来。简单说，就是模仿一些打球过程中要做的动作，包括高抬腿、环绕手臂、快速挥拍和冲刺什么的。切记，做这些活动时，要避免把肌肉拉伸到极限。

场上热身首先可以绕场地来回慢跑热身，也可以和你的对手在场上轻轻地击球，而不是发力地大幅挥拍击球，达到热身的目的。来回击球时如果对手在热身过程中打了一个短球，千万不要等到它反弹两次才去接。你应该正确地运用步法在场中移动，并让身体协调运动，接好这个球，达到热身目的；其次，动态准备活动在你进入球场时，就可以开始了。但通常安排在做完热身活动后进行比较好，主要是模仿一些打球过程中要做的动作，包括高抬腿、环绕手臂、快速挥拍和冲刺什么的。比赛留给我们的时间总是不太充裕的，所以就需要在热身的前后尽可能多地做这些练习，以确保腿、身体和手臂都得到充分的活动。

2. 赛后的放松

赛后的主要任务是放松。放松方法与形式可以说千姿百态，丰富多彩。这里主要针对上面所述谈谈赛后的静态伸展运动，这种方法可以达到很好的放松效果。打完球后不要急于钻进开着空调的汽车里或做其他事情，可以先花些时间做做普通的静态伸展运动，这既不要花费很多时间，方法上也比较简单。要领是，拉伸某条肌肉，直到你感到它完全绷紧了，保持动作，坚持 15 ～ 30 秒后就可以达到完全放松的目的了。接着，拉伸你在打球时所用过的所有肌肉。结果怎样？第二天起床时，你会惊喜地发现：自己还能像昨天一样轻松、快乐地打球了。

如何在比赛中应用新技术

当你刚开始学习一种新击球技巧时，你会发现在练习之中很容易把它使出来，但一到了比赛就几乎完全用不上。你最近正在练习反手切球，当你与教练在练球时，你可以打得很稳，但在比赛中却常常把球切下网去。其实不只你会这样，很多职业选手也会这样。

比赛中处于被动时常用的技巧

❖ 拍线断裂

你和对手的对抽进入相持阶段，就在你发力回击时，“啪——”，球拍上发出了弦线清脆的断裂声。这个时候，你或许要听天由命了，即便你的对手是个好心人，他可能也并不打算暂停比赛，让你去更

换新拍。所以，我们就需要自己想办法来渡过难关。

不明智的选择：尝试打一个制胜球。许多球手都认为除了一拍结束这分以外，就别无选择了。或者不论自己处于球场的什么位置都应冲上网前赌一把（但这样无疑是把大片的空场留给对手进攻了）。

明智的选择：打一个下旋球。如果你和对手在进行底线对抽的时候拍线断了，那就马上打开拍面发力打一个削球，而不要尝试打上旋球。你可以与对手在场上这样周旋，再为自己想一个摆脱困境的策略。

尝试这样做：打一个短球后随球上网，或打一个扣球，要不然就干脆打一个角度刁钻的斜线球。如果你的拍线是在发球的时候断的，那就不要犹豫，干脆直接上网，用一个网前截击赢得这 1 分。

❖ 遭遇后场高球

在一次漂亮的上网后，你已经等在网前准备赢得这 1 分了。但不要操之过急，你的对手另有打算，接着，他就打了一个过顶高球。

不明智的选择：与球的飞行轨迹处在同一轴线往后跑。如果是这样，即便你能追到球，也没有出手的角度了。此时，你能做的只能是在肩上挥拍把球“糊弄”回对方场地；还有更糟糕的，就是你被迫打一记胯下回球。这样被动的回球可能会取悦观众，但在比赛中将是险象环生的开始。

明智的选择：转到你的反手一侧追球。跑动的路线要有一点弧线，这样，球就会落到你的正手一侧。如果你的反手更有威力，也不妨在正手侧追球，道理是一样的。如果你的对手在击球后还待在后场没有上网的话，你就可以打一个又高又深的回球；但如果你的对手已经跑到网前，那就得往他的反手侧打一个过顶球。如果你已经跑过了击球点，注意不要挥拍过大，否则会增加你回球的风险。

❖ 旋转剧烈的上旋发球

你在 AD 侧（左区）接发球，往往会遇到足以将自己调出场地的外角发球。

不明智的选择：侧身，平行于底线，跑向场地左侧。这会使对手的发球在你身边错过，并会让你冲出双打边线。另一个常犯的错误就是竭尽全力试图打一记深至对手底线的制胜球。通常，上旋的发球都会飞出单打边线，这就增大了回球的风险。此时，你的回球就要有良好的落点，如果回球太靠左，就可能飞出场地；如果回球太靠右，对手就会很轻易地用正手攻击你回球后留下的大片空场。

明智的选择：缩小击球角度。这不但可以压制对手的发球，而且可以使你保持在场中的位置。沿对角线向着来球的位置跑动，在球还处于上升阶段时就击球。如果你削球功夫不错，不妨在此运用。但无论是削球还是平击球，都要争取在球还没有反弹到你肩膀的高度之前击球。回球要又高又远，最好能打在对方的中路或斜线位置——因为这样可以为你下次击球的跑位争取更多的时间。

❖ 在打正手球时伸展过大

对手突然打了一记刁钻的正拍斜线球，迫使你需要努力伸展才能接到球。此时，你的拍头却因为手臂伸展过大而错过了击球点。

不明智的选择：尝试打平击球。在如此被动的位置上尝试用力挥拍击球的确强人所难。错过了击球点，再发力就更困难了。接下来你唯一的选择就只剩跑到底线后很远处（如果这个球确实达到了这个位置）击球了。除非你的这个回球是个制胜球，否则就会很快失去这 1 分，因为击球之后你已经完全处于场地以外了。

明智的选择：削球。运用大陆式握拍法，像你的正手攻击那样引拍，用球拍切削球的下侧，并尽可能展开身体，以便在挥拍结束时节省调整的时间。有意思的是，许多职业球员在正手击球伸展过大的时候，往往会运用滑步去接近来球，再用削球或发力击球。

❖ 成为靶子

逼迫对手回出一个落在中场的短球，你得分的机会来了。但偏巧你却不争气，忙忙活活地跑到中场却打出一记菜球，一下子，攻防双方的角色转换了，此刻呆站在中场的你完全成了俎上鱼肉。

不明智的选择：向底线后退。这样做就意味着你把整个场地都留给了对手。你后退得越远，留给对手进攻的角度和可以采用进攻的方式就越多。若他马上开始进攻，而此时你的身体还在后退，要再想向左或向右移动的话，就需要重新调整重心，更糟糕的情况可能是——你一直后退撞到了边网上。

明智的选择：坚守阵地。你最好还是待在对手来球的线路上，要领是处于对手的正前方。保持这一位置，直到你的对手击球，然后迅速做出判断并向某一侧移动（这时可以凭借经验来抓某个方向，比如对手经常进攻并容易得手的一侧）。

❖ 遇到很被动的球

众所周知，大陆式握拍除了在发球、截击、半截击和反拍切球方面有优势之外，早已退出了正拍抽球的选择之列。但情况却并不那么简单，优秀球员们还在用大陆式握拍打正手救球。当对手将球打到正拍一侧很偏的位置，迫使你在跑动中击球时，球拍往往只能将将碰到球，也就很难做出抽球动作了。因此，挑高球几乎就是唯一的选择了。

无论是东方式正拍还是半西方式正拍，拍面都过于关闭，很难打出足够高度的挑高球。但若用大陆式握拍，击球时拍面是打开的，能让击球的力量更多地运用到向上的方向，而减少向前的冲力，不仅能产生出足够的飞行高度，还更容易将球控制在界内。

业余选手比赛取胜的要领

❖ 战胜对手首先要战胜自己

业余比赛往往以遭遇战居多，面对陌生的对手、陌生的球路，你是否会变得失误频频？不是出界就是下网？这是你太心黑，一拍打死不是业余球员的风范，业余选手一般未经正规训练，一无扎实功底，二无力量速度，比赛时如做一做统计，恐怕主动失误送分比主动得分要多得多，这时一定要控制自己的心态，确立“多拍取胜”思想。如果你突然出现“肌无力”，那你这是太紧张！切记比赛既无丰厚的奖金，又非生活的支柱，它只是娱乐而已。你只需忘记比分，像平时练习时那样打球就行了。

❖ 扬长避短是取胜法宝

即使是职业球员也都有弱点，更不要说业余选手了。从比赛前几分钟的练球开始，你就要观察对手情况，尽快寻找他的弱点所在，并在比赛全过程中保持清醒的意识，坚持攻对方弱点的战术。对手发球差时，你一定要加强发球抢攻采用靠前的站位，使对手感觉到你抢攻的决心，造成心理压力导致双发失误;判断好对方发球的落点，在球弹起上升时击球，这样将回球节奏提高半拍以上，造成发球方在身体尚未回复平衡时措不及防；在有把握的情况下，沿接球区边线直线将球击回，这样可有较快的节奏，较深的落点，并迫使发球方横向跑动接球，如能配合伺机上网则更具威胁。

对手反拍底线回球差时，你一定要尽可能让他用反拍击球。连续地迫使他以不擅长的方式击球直至出现失误。如对手努力侧身用正拍击球时，那么他的正手区域必然暴露出较大空当，这时你若果断变线，即可调动对手大范围跑动救球，处于以静制动的优势。

对手具有良好的底线技术，正反拍对抽极少失误，但他回避上网，甚至击完半场后也要迅速退回底线，这种人会经常出现在业余网球赛场上。你若与他底线对攻，恐怕基本功没人家扎实，顶得住三拍扛不住五板，一咬牙上网就被他精准的底线破网穿成筛子。怎么办？这时你可以打出力量不大但角度很开的小斜线球，迫使对手放弃熟练的底线横向移动，不得不跑出斜上和斜下的不熟悉线路，几个回合之后就会步法凌乱、呼吸急促、失误增多。如果你能放出高质量的网前小球，那更握有制胜法宝。当对手被调到令他心虚的网前时，你就可以从容打出两侧穿越球，或者挑过对方顶直接得分了。

❖ 控制节奏变化可化不利为有利

每个人打球都有属于自己的节奏：慢速型、快速型、混合型。比赛时遇到不同类型的对手就一定要以我为主，打出自己熟悉的节奏，这样才有较大的获胜把握。然而迫使对手跟着你的套路走，做到这点相当不易，尤其是打球风格不是十分鲜明的业余选手。只有头脑非常清楚的人才能把握好比赛节奏。

擅长慢速打法应尽量保持在底线与对手周旋，要有极好的耐性去磨，直至拖垮对手。面对上网型对手要练就挑后场的本领，没九成把握不要上网。记住：坚持就是胜利。

快节奏打法的特点是速战速决，多打一个回合就多一分风险。面对磨功颇佳者，万不可与之纠缠，必须用速度和力量持续冲击对手，使之回球质量下降。同时要看准时机迅速占据网前有利地势截击得分。

具备混合型技术者，比赛时具有多种应对方法，什么都会则很容易导致落入对手节奏中去，而什么都不精则是跟别人走后很快失利的原因。切忌以慢制磨、以决制狠，要明确以快制慢、以稳制狠的战术思想。

❖ 努力实现技术全能化

要达到业余中高级水平的基本条件是技术的全能化。试想，一个正拍攻击凶猛的人反拍只会抵挡，比赛时遇到稍有经验的对手，那他恐怕要用反手去接大部分来球了。所以，在你发球、接发球、正反手底线、网前截击、高压球这几项基本技术中，一定要达到平均水准，可以暂时不具备出彩的特长，但不可有明显拖后腿的缺点，这样参加比赛就不至于有漏洞被人死缠烂打了。现在就开始，在练习时刻意去打不擅长的球，与其他项技术达到均衡时再去发展自己的撒手锏。

此外，要参加一切尽可能参加的比赛，不要过多计较输赢，这样你就能逐渐由紧张走向放松，将应有的球技发挥尽致，同时与五花八门的对手过招，能见识各种不同球路，积累丰富的经验，尤其与比你水平高的人打球，对你的提高有意想不到的帮助。

第六章

四大网球公开赛简介

网球之所以成为世界第二大体育运动与它的赛事频繁不无关系。在世界各地，几乎每个星期都有大大小小的比赛在进行。最著名的赛事是四大网球公开赛——英国温布尔登公开赛、法国公开赛、澳大利亚公开赛、美国公开赛。

温布尔登网球公开赛

温布尔登网球锦标赛（Wimbledon Championships，或简称“温网”）是网球运动中最古老和最具声望的赛事。锦标赛通常举办于6月或7月，是每年度网球大满贯的第3项赛事，排在澳大利亚网球公开赛和法国网球公开赛之后，美国网球公开赛之前。整个赛事（大满

贯赛事中唯一使用草地球场的）通常历时两周，但会因雨延时。男子单打、女子单打、男子双打、女子双打和男女混合双打比赛在不同场地同时进行。温布尔登还举办有男子单打、女子单打、男子双打、女子双打的青年比赛。此外，温布尔登还为退役球员举办特别邀请赛。

1868 年，全英草地网球和槌球俱乐部在温布尔登的沃普尔路建立，1877 年，他们举办了首届草地网球温布尔登赛的前身赛事，不过当时的赛事仅设有男子比赛（Gentlemen' s Singles）一项，女子比赛（Ladies' Singles）则在 1884 年正式加入，男子双打也在同年正式设立。

当时设计者将主要场地建设在球场的中心地位，其他场地则环绕建设在四周。1922 年，全英草地网球俱乐部搬至现在的丘奇路，到了 20 世纪 80 年代，俱乐部决定在球场北边兴建 4 块新的场地，并于 1997 年将比赛的开幕式放在新启用的 1 号球场举行，也就是我们现在所说的中心球场。

1905 年，草地网球冠军赛改革后开始邀请外国选手参加，美国女将梅 · 巴顿和澳大利亚人诺曼 · 布鲁克斯分别成为首个夺得赛事冠军的外籍选手，而法国选手则一度在 20 世纪 20 年代取得霸主地位，他们每一年都从英国人手中夺走至少一项冠军。此时的草地网球冠军赛也进入了赛事辉煌的发展期，中心球场 1922 年时即可容纳多达 12 000 人，而到了 1932 年，观看该届赛事的现场人数已经激增到了 20 万人次。

其后，因为欧洲大陆爆发第二次世界大战，比赛在 1940—1945 年暂停举办，到了 1946 年才恢复举行。到了 20 世纪 50 年代，由于航空业的飞速发展，外籍选手得以更方便地不远千里参加温布尔登的比赛，也就此造就了澳大利亚一代巨星罗德·拉沃尔、玛格丽特·史密斯·考特等人的辉煌时代。

1959年，时任全英草地网球俱乐部主席职位的赫尔曼·大卫向草地网球协会提出议案，希望可以将比赛拓展成为向所有网球选手开放的赛事，但却遭到了拒绝。1964年，俱乐部董事会再次向草地网球协会申请将比赛的名称改为公开赛，但是这个议案却被再度搁置下来。1968年8月，英国BBC电视台引用彩色电视信号技术，对在温布尔登中心球场举行的职业表演赛进行了转播，而这也对公开赛议案最后得到通过起到了非常关键的作用。到了同一年年底，在草地网球协会的年度会议上，公开赛议案以压倒性的优势在投票表决中得到通过，包括职业选手在内的所有网球选手将可以参加比赛的争夺，而赛事也正式更名为温布尔登网球公开赛，澳大利亚的罗德·拉沃尔与美国的比利·简·金成为公开赛时代的首个男女单打冠军。

到了20世纪80年代，众多天才选手在温网赛场上相继取得突破性成绩，瑞典巨星比约·博格成为公开赛时代第一个在男单比赛中实现五连冠伟业的选手，而德国金童鲍里斯·贝克尔则在1985年成为摘取冠军锦标最年轻的选手，他同时创造的纪录还有成为第一个夺冠的非种子选手和第一个德国运动员。1987年，“女金刚”纳芙拉蒂诺娃成功实现女单6连冠伟绩，并在1990年获得了创纪录的第9个单打冠军。1977年与1984年，温布尔登公开赛分别庆祝了男女单打创办100周年。

从20世纪80年代末到20世纪末的10多年时间中，温布尔登的赛场则成为桑普拉斯与格拉芙的天下，两人分别夺走7次冠军，阿加西、伊万尼塞维奇以及塞莱斯、诺沃特娜则成为他们塑造自家皇朝辉煌下的落魄臣子。1996年，瑞士公主辛吉斯成为温布尔登

123 年来最年轻的冠军，她赢得女双桂冠时只有 15 岁零 282 天，而克罗地亚老将伊万尼塞维奇在 2001 年有如神话般地夺得男单桂冠时，也创造了温网历史上第一位持外卡参赛却最终夺冠的神奇纪录。进入 21 世纪，新生代领军人物休伊特、费德勒、纳达尔等人的崛起，以及女子力量军团头牌选手威廉姆斯姐妹的迅速成长，则为这项历史悠久的赛事注入了更多的活力。

法国网球公开赛

法国网球公开赛（French Open），简称“法网”，是一项在法国巴黎罗兰·加洛斯球场举办的网球大满贯赛事，通常在每年的 5 月至 6 月进行，是每年第二个进行的大满贯赛事。这一创办于 1891 年的网球比赛是唯一一个在红土球场上进行的大满贯比赛，标志着红

土赛事中的最高荣誉，同时也标志着每年红土赛季的结束。由于红土场地球速较慢，且男子单打比赛采用五盘三胜制，因此参加比赛的选手需要有着超群的技术和惊人的毅力。

法国网球公开赛始创于1891年，比温布尔登网球锦标赛晚14年。法国网球公开赛开始只限于本国人参加，1925年以后对外开放，法国网球公开赛开赛已经超过100年了。在过去的百年中，除了两次世界大战被迫停赛11年外，其余均是每年举行一届。获得男子单打冠军头衔最多的选手是瑞典选手博格，他在1974—1981年的8年中6次夺冠。1989年的法国网球公开赛，17岁的亚裔选手张德培爆出了20世纪80年代最大的冷门，他先后挫败了伦德尔与埃德博格，成为这个公开赛最年轻的单打冠军，也是第一位获此殊荣的亚洲血统的选手。女子单打埃弗特、纳芙拉蒂诺娃、格拉芙等当代明星都夺得过奖杯。而埃弗特在1974—1986年的12年间曾7次夺标，创造了这个公开赛的纪录。

法国公开赛的场地设在巴黎西部蒙特高地的罗兰·加洛斯体育场内。体育场建于1927年，以在第一次世界大战中为国捐躯的空中英雄罗兰·加洛斯的名字命名，同时也是法国网球黄金时期的象征，因为它是直接为庆祝被称为“四骑士”的4名法国人首次捧回戴维斯杯，准备翌年的卫冕战而特意修建的。1999年，罗兰·加洛斯体育场进行了重大重建，共有23个场馆，最大的中央球场最多能容纳15 059人同时观赛。

法国网球公开赛和温布尔登公开赛一样，由于比赛场地特殊，使所有人在预测冠军的时候都少了几分悬念，少有例外。罗兰·加洛斯是许多顶级高手的滑铁卢，不少大牌球星在另三项大满贯赛事中出尽风头，却苦苦追求法网冠军不得，麦肯罗、贝克尔、桑普拉斯都没能彻底征服红土场，这也造就了红土场的特别之处。

早年法国传教士绝对想不到，自己在修道院空地上划出的打网球的地方，日后会成为一块特别的国际网球赛场。那时连水泥都没有，红土场也称为泥地场，和草地一样作为最早的网球比赛场地。随着科技的不断进步，红土场地虽然不再是以前的自然地或是砖粉铺地，而是用了 6 层不同的材料铺设而成，但球场的特性没有改变。

红土场是慢速球场，球会弹得很高，而且旋转很强。在红土场上比赛还要求选手有很好的体能，因为得每一分都很难，变数很大。前中国网球队教练王越介绍，红土场拿冠军最难，与在硬地上用大力发球、正手抽杀就能致命不同，在这里夺冠的人通常技术都很全面。红土场上有另一套规则：耐心地相持、强烈的上旋球、疯狂地奔跑。

西班牙和南美是“红土高手”的盛产地，他们常常在硬地比赛上没有什么优势，但到了红土场往往能出成绩。西班牙、阿根廷的地理条件就是这样，有很多红土场，选手从小在红土上长大，因此西班牙选手都有一套专门的红土套路，每个人的手法都很好，还善于奔跑。

很多法网冠军都无法在其他三项大满贯中夺冠，布鲁格拉、穆斯特、库尔腾、莫亚、科斯塔、张德培、戈麦斯的职业生涯更是只有法网这一座大满贯的奖杯。

在红土场上，大力发球的威力将被大大消减，而发球上网被认为是更疯狂的举动，因为球弹起的速度很慢，对手就有了更多调整的时间，发球上网的桑普拉斯因此在红土场上输得很惨。从 1990 年在美国网球公开赛上获得职业生涯第一个大满贯开始，桑普拉斯获得了 14 个大满贯冠军，但法网一直将他拒之门外。为了法网，桑普拉斯多年来想尽办法，可他在法网上最好的战绩只是在 1996 年，在半决赛中他输给了最后夺冠的卡费尔尼科夫。接下来是休伊特，他22岁就收获了美网和温网冠军，但法网的战绩欠佳。

美国网球公开赛

美国网球公开赛素以丰厚的奖金额著称，比起澳大利亚、法国和温布尔登公开赛，吸引一流好手前来助阵的条件似乎更加优厚，其中男女单打冠军个人就可以获得百万美元以上的巨额奖励。

美国网球公开赛的前身称为美国国家男子个人冠军赛，首届比赛于1881年8月在纽波特的一家娱乐场所举行。当时只有美国国家草地网球协会的成员才有资格参赛，其中多数为上流社会的富家子弟，因此赛事不可避免地被打上了休闲娱乐的烙印，赛事的主办地，也因此在这段时间中成为美国网球运动的中心。

1887年，第1届美国国家女子单打冠军赛在费城的一家板球俱乐部举行，女双比赛于1889年正式加入。相比起其他比赛在美国全国各地轮流举办的模式，美国国家女子单打冠军赛相对来说是流动性最弱的，只在三地举办过赛事：费城板球俱乐部、曼哈顿西区的网球俱乐部以及纽约的美国国家网球中心。混双比赛是最晚被设置为美国国家网球冠军赛正式比赛项目的，直到1892年，才在女单和女双比赛进行的同时举办了首届比赛，到了1921年，又被调整到与男双冠军赛同时进行。

与其他赛事一样，美国网球冠军赛也在1968年进入公开赛时代，包括男单、男双、女单、女双、混双的五项冠军赛被合并为美国网球公开赛举办，第1届比赛被安排在纽约曼哈顿西区网球俱乐部举行，共有96名男子选手和63名女子选手参加了赛事争夺。

1978年，美国网球公开赛搬至纽约昆士区的法拉盛草地公园硬地赛场举行，这里有着世界上最大的中心球场阿瑟·阿什球场，可以容纳多达23 000万观众。1999年，原中心球场被命名为路易斯·阿姆斯特朗球场，作为2号球场举办半决赛和决赛以外的其他重要比赛的场地。

美国公开赛有一独特的地方，就是它是仅有的在大部分球场设有照明设备的大满贯赛事，这意味着电视转播能够延伸到晚上的黄金时段以增加收视率，甚至因此女单决赛由星期六下午移至晚上，就是为了能有更好的收视率。

2005年，美国公开赛和所有的美国公开赛系列赛的球场都采用了蓝色内场和绿色外场以显示同一性，并为了更容易看清楚球。这项改变使得球员和观众都有了各式各样的反应。很多球员说，蓝色的场地并不能使球看得更清晰。

美国是一个高度商业化社会，因此，它的职业网球商业化程度绝不亚于职业拳击。获美国男、女单打冠军者均可得 190 万美元。而总奖金是“四大公开赛”中最高的，奖金总额高达 600 多万美元。由于美国网球赛的地位和高额奖金，以及中速硬地场地，吸引了众多好手参加。据世界网球杂志统计，1989 年美国公开赛涉及的金钱往来总额高达 1 亿美元。

美国网球协会公布了 2013 年度美国网球公开赛奖金额度，相比 2012 年，各个级别的奖金将均有大幅度提升。本届赛事的总奖金为 3430 万美元，比 2012 年增长了 35%，其中男、女单打冠军将分别拿走 260 万美元，相比 2012 年的 190 万美元增加了 70 万美元。单打亚军选手将得到 130 万美元，四强选手将得到 65 万美元，八强选手将得到 32.5 万美元，即便首轮被淘汰出局，选手依然可以拿到 3.2 万美元的奖金。与此同时，双打选手的奖金也比去年提高了 13%。随着选手们增加奖金的呼声越来越高，2013 年度的四大满贯赛事奖金均较 2012 年有大幅度的提升，如温网单打冠军奖金就从 2012 年的 175 万美元上升到了 2013 年的 240 万美元。

澳大利亚网球公开赛

澳大利亚网球公开赛（Australian Open，简称澳网）是网球四大满贯赛事之一。比赛通常于每年 1 月的最后两周在澳大利亚维多利亚州的墨尔本举行，是每年四大满贯中最先举行的一个赛事。

澳大利亚网球公开赛创办于 1905 年，已经有 100 多年的历史。不过与另外三项大满贯赛事相比，澳网还是最年轻的。比赛创立之初被命名为“澳大拉西亚锦标赛”（Australasian Championships）；1969 年，比赛进入“公开赛时代”。自 1988 年起，比赛一直在墨尔

本公园的室外硬地球场上进行。

比赛设有男子单双打、女子单双打以及混合双打等项目。男子单打冠军奖杯是诺曼·布鲁克斯挑战杯（Norman Brookes Challenge Cup），女子单打冠军奖杯是达芙妮·阿克赫斯特纪念杯（Daphne Akhurst Memorial Cup）。

1904 年，澳大利亚和新西兰的网球机构官员决定成立澳大拉西亚草地网球协会（The Australasian Lawn Tennis Association）负责筹办每年一届的澳大拉西亚锦标赛（Australasian Championships），并共同组队参加戴维斯杯的比赛。1905 年 11 月，首届澳大拉西亚锦标赛在墨尔本圣克尔达路艾伯特公园内的仓库老板板球场举行。首届比赛总共有 17 名男选手参赛，最后罗德尼·希斯在 5000 名观众的见证下战胜了阿瑟·柯蒂斯夺得了冠军。

澳大拉西亚锦标赛最初是在澳大利亚和新西兰两国的主要城市之间轮流举行，是澳洲网球的一种交流方式。1916 年至 1918 年间，比赛由于第一次世界大战爆发暂停举办。1922 年，新西兰退出澳大拉西亚草地网球协会成立了新西兰网球协会，比赛从此固定在澳大利亚举行。在 1922 年的比赛中，赛事首次加入了女子单打、女子双打以及混合双打项目，玛格丽特·莫尔斯沃思赢得了首次女子单打比赛的冠军。

1924 年，国际草地网球协会（ITLF）正式确认澳大拉西亚锦标赛为大满贯赛事。

图书在版编目（CIP）数据

网球 / 周洪生编著. -- 长春：吉林文史出版社, 2014.7（2023.6重印）

ISBN 978-7-5472-2233-1

Ⅰ. ①网… Ⅱ. ①周… Ⅲ. ①网球运动－基本知识 Ⅳ. ①G845

中国版本图书馆CIP数据核字(2014)第133834号

网球

WANGQIU

出版人 张 强

主 编 周殿学 周洪生

编 著 周洪生

责任编辑 王 新

封面设计 袁 野

出版发行 吉林文史出版社

地 址 长春市福祉大路5788号

网 址 www.jlws.com.cn

开 本 720mm×1000mm 1/16

印 张 12

字 数 100千

印 刷 天津市天玺印务有限公司

版 次 2015年6月第1版 2023年6月第5次印刷

书 号 ISBN 978-7-5472-2233-1

定 价 59.80元